地球で遊び、故郷の星へ帰る!

約束してきたスターシード達へ

Starseed ku

スピリチュアル
akiko

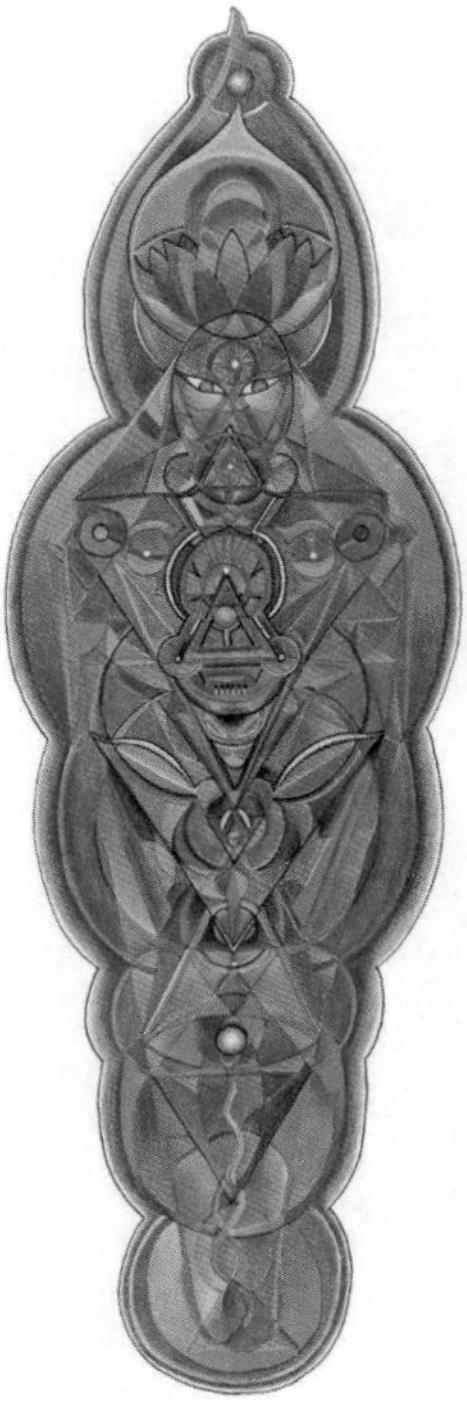

[ku]

「宇宙に帰るとなると……いろいろな浄化が起きて
大変だ」と思うかもしれませんけど、
後々には、すごい世界が皆さんを待っています。
だからといって、
今いる地球をないがしろにしちゃダメだよ。

生きている事自体をきちっとやらなきゃいけない。
宇宙に帰れば、ものすごく美しい世界が待っています。
今日は、皆さんにとって懐かしい、
美しい星々の話をしていこうと思います。

[akiko]

kuさんは、オリオン大戦のとき、アンドロメダに避難されたと思います。

kuさんの中のオリオン大戦の記憶を聞かせてください。

[ku]

最後に僕はオリオン大戦で、目の前の世界をスルーして、自分自身の中で幻想を終わらせる事ができた。

もともと僕のルーツはベガ、琴座であり、高度なスピリチュアリティが盛んな星でした。

だから、この現実の悲惨さは幻想だと思い、自分自身を統合し始めました。

目の前の世界は幻想なんだと……思い。

そうしたら、アンドロメダのアセンションの流れのような高次の霊流をスーッと受け取ることができたのです。

[ku]

浄化しなさい。手放しなさい。
それだけという、ものすごいシンプルにしている。
でも、世の中の人を見てみて。外側の世界を見て、
自分の目の前が幻想だと思っている人はいない。
だから、戦争の中にハマッていくわけです。
コロナの中にハマッていくわけです。
でも、皆さんはここで気づきを得ている。
僕が今、皆さんに言っていることは、
オリオンを脱皮したときのやり方です。

Starseed ku さん、
スピリチュアル akiko さん
スペシャル対談

〜約束してきたスターシード達へ

スピリチュアル akiko

Starseed ku

本書は、2022年12月10日（土）東京・音楽の友ホールにて開催された
ヒカルランド創立12周年記念イベント、上記おふたりの
スペシャル対談を書きおこして編集したものです。

目次

PART ①
スターシードの皆さんと星々の旅に出掛けます！

PART ②

質疑応答篇

地球在住の宇宙人たちとの本気のやりとり

カバーデザイン　高岡　聰
イラスト　トレイシー・テイラー
編集協力　宮田速記
校正　鷗来堂
本文仮名書体　文麗仮名（キャップス）

PART 1

スターシードの皆さんと星々の旅に出掛けます！

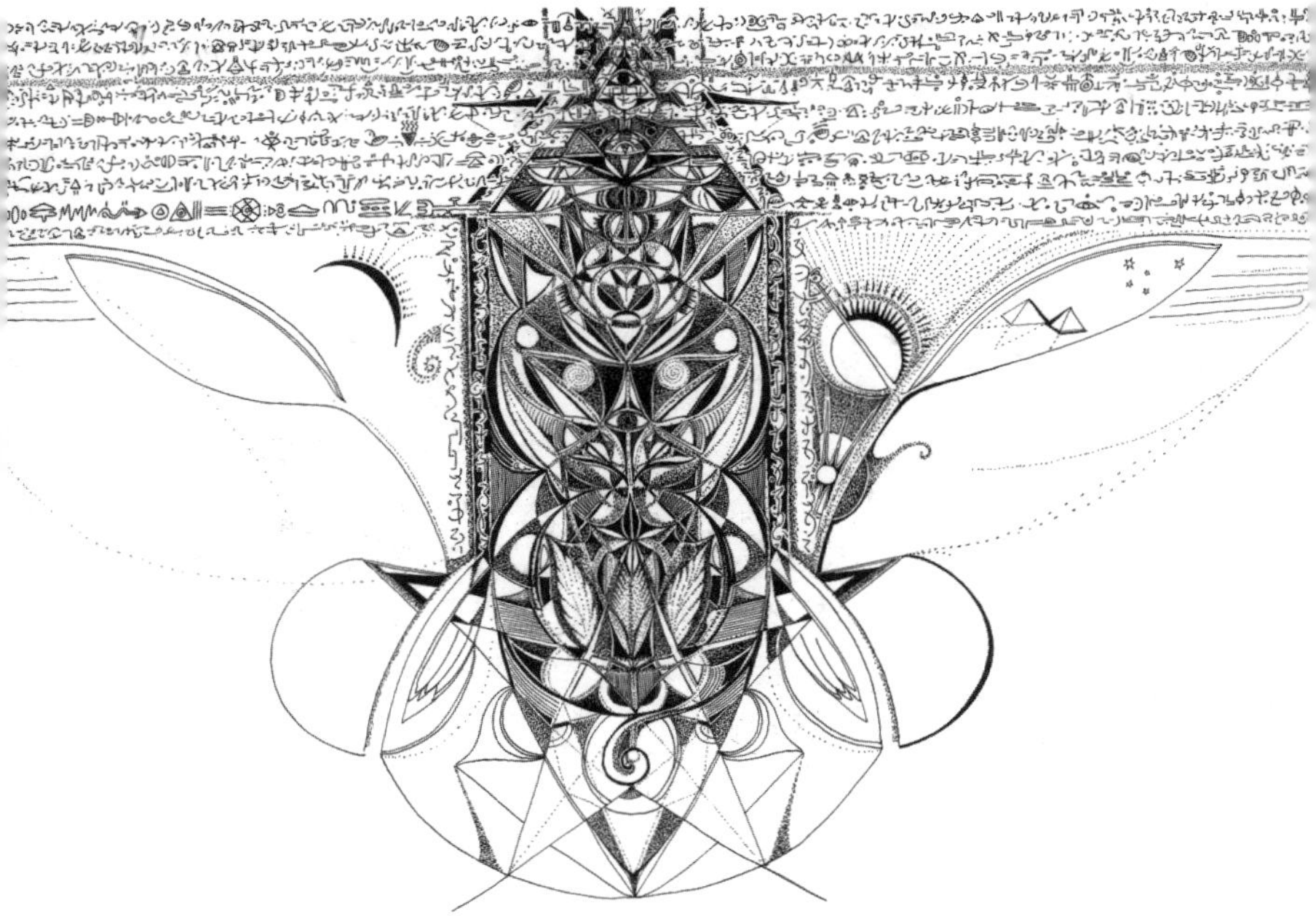

Section 1 ちょっと風変わりなプロローグ

他己紹介（2人はチームを組んでいます！）

ku　スターシードkuです。

今日は皆さん、お越しいただきまして、ありがとうございます。（拍手）

今日は元気よくやりますので、できる限りパワーを持って帰ってください。

今日対談するakikoちゃんを紹介します。

akikoちゃんというのは、すごくストイックで、芯があるんだけれども、やわらかい。

ここがおもしろいんです。これが彼女の発展・進化につながっている。

彼女はすごく物事を発展させることが得意な人です。愛のエネルギーがある。

本人は愛とは思っていないかもしれないんだけど、愛のエネルギーで周りをグーッと昇華させるような素質を持っているんです。

会ったときから僕はわかったね。

僕とakikoちゃんとの出会いは、皆さんご存じのとおり、セッションです。

kuさんに会ったということをしょっちゅうネットで言ってくれるのが、僕は本当にうれしいです。

僕たちは宇宙人だけど、人間としてちゃんと感謝を示すことができる人って少ないんです。僕自身も感謝しています。本当にありがとう。

ただ、僕たちはチームを組んでいます。

akikoちゃんもそうだし、皆さんも含めて、2023年あたり世界に行って、多くの人たちを盛り上げるという話が、さっき控え室で出ていたのです。

ライトワーカーという言葉を僕は昔からあまり好きではなかったんだけど、自分自身

ku さんに会ったということをしょっちゅうネットで言ってくれるのが、僕は本当にうれしいです。
僕たちは宇宙人だけど、人間としてちゃんと感謝を示すことができる人って少ないんです。
akiko ちゃんはこの日本の中で、ものすごく大事なんです。
インドに住んではいるけど、日本の akiko ちゃんは絶対大事です。

がそうであるなら、みんなを盛り上げて、自分も楽しむ流れをつくっていきたいなと思っています。

それには、akikoちゃんはこの日本の中で、ものすごく大事なんです。

インドに住んではいるけど、日本のakikoちゃんは絶対大事です。

akiko　照れるな（笑）。ありがとうございます。

じゃ、kuさんのことを紹介していきます。

一般的な紹介ね。スピリチュアル宗教歴が40年で、各種宗教を卒業されています。

幼少時よりスターシードの自覚があり、22歳のころ、霊的覚醒を得て、その能力をビジネスで活用され、２０１１年より本格的なシフトが起こりました。

このような活動をされたのが２０１１年です。

地球に定期的に解放しに来る宇宙の旅人であり、多次元のあらゆる周波数の次元につながることができるスターシードだとわかり、活動を始められています。

皆さんにいつもお伝えしていると思うんですけれども、私が宇宙的に覚醒したきっか

地球に定期的に解放しに来る宇宙の旅人であり、多次元のあらゆる周波数の次元につながることができるスターシードだとわかり、活動を始められています。

皆さんにいつもお伝えしていると思うんですけれども、私が宇宙的に覚醒したきっかけがstarseed kuさんのセッションだったんです。

けがstarseed kuさんのセッションだったんです。

このようなことが人生のうちに起こるんですね。

kuさんがこの地球にいてくれて、本当に感謝です。

kuさんは、ボタンを押しているんですよ。

能力がある方で、セッションを1対1の形でやっている。

その人に必要なところは1対1じゃないと、できないのです。

そこが一番大事だということがわかっているから、ずっとそうされているんだと思います。

私が最初に直接kuさんにセッションしていただいたときに、私はそういうことは全然わかっていないのに、いきなり空《くう》の話を延々としてくれたんです。

パズルのピースはバラバラにあったんですけれども、ストレートに、それだけをバーンと言ってくる人に会ったことがなかった。

kuさんはそれをこんな小娘にバーンと伝えてくれたんです。

一番大事なところをひたすら伝えてくれている。

それで私も、ああ、やっぱりそうなんだとなった。

本質と真理というんですかね、そこを伝えてくれる唯一無二の方だなと思っています。

最近、kuさんはかわいいなと思うんです。

かわいくて、おもしろくて、クセが強い（笑）。クセになる。

「これが宇宙人」という感じなんです。

「今の何？　もう一回見たい」みたいになる。

クセが強いから、エーッ、この気になるものは何だろう、ワーッみたいな感じ。

これが宇宙人のワケわからなさですね。

軽いし、かわいいし、全部を兼ね備えている。

宇宙人ってこうだよなという本質をkuさんはバーンと生きられているから、本当におもしろいなと思っています。

kuさんを見て、宇宙人はこうだよなと思って、私もそうしようと思えるというんですかね。

真理を伝えている方とかおもしろい方はいると思うんだけど、kuさんは、クセが強いのも全部入っちゃっているから、宇宙そのものをあらわしているという感じがします。

Section 2
何でここにいるんだろう――それこそが宇宙的な流れなのです！

公開セッション、スタート

akiko　さあ、セッション希望の方をkuさんに選んでいただきましょう。
この後の話は宇宙的な流れが結構バーッと入るので、最初にちょっとセッションを入れます。

ku　どうしようかな。今日は女性が多いから女性でいこうかね。

そこで手を挙げている方。

（女性1名、ステージに上がる）

参加者　エーッ、びっくりしました。お邪魔します。

akiko　家に来たみたいだ（笑）。

参加者　はじめまして。どうしましょう。

ここへ来るきっかけは、親友のマリちゃんです。

akiko さんの動画を見ていて、「いいよ」と薦めてくれたので、私も akiko さんと ku さんを見せていただきました。

私はまだ新人で、マリちゃんのほうが詳しいんです。

今日もマリちゃんに連れてきてもらいました。

動画に出ていた人と会えて、ちょっとびっくりしちゃいました。

会えると思っていなかったのですが、気づいたら今日ここにいたという感じです。

akiko 何でここにいるんだろうというのは宇宙的な流れです。

参加者 昨日もちょっと体調を崩していて、もしかしたら今日は来られないかもと、ドキドキしていたんですけど、今朝、治っていた。

しかも、待ち合わせ場所に向かうのに電車を乗り過ごしたり、いろいろトラブルがあって、私はこれに行けるのかなと思っていたんです。

でも、着いて、気づいたら壇上に上がっていて、びっくりしています（笑）。

よろしくお願いします。（拍手）

ku じゃ、僕から見た感じとakikoちゃんが見た感じの両方でいこうか。

宇宙人って一つのパターンじゃなくて、いろんな面があるからね。

「実は5日ぐらい前からこの方のガイドさんが来ていたのです（笑）。どの人かな？」

ということで今ここにいたので当てたわけ。

参加者　だから私はぐあいが悪かったんですか。

ku　ごめんなさいね、あなたに浄化が起きていたんです。

参加者　マリちゃんにも、「私、浄化かな」と言ったんです。おなかが痛くなった。

ku　恐怖の浄化ね。

参加者　エーッ！　びっくりしました。

akiko　そういうもんなの。

ku　宇宙でも、大天使グループとか天使グループがいるじゃないですか。そういう方なんです。天使みたいな人がポーンとリアルに飛んできた。

それにプラスアルファで金星というか、派手めなエネルギーも感じるので、地球がちょっと長かったかなという感じはあるんだけれども、金星のエネルギーもうまく使いこなしながら、いろいろやってこられた方じゃないかなと思うんです。

ダイレクトに来て、バリバリのスターシードで身動きできませんみたいな人ではなくて、ちゃんとある程度常識もわかっている。

ちょっと転生もして、遊んできたかな。でも、魂の筋はすごくきれいな方です。

宇宙の大天使グループというか、そんな感じのエネルギーを僕はすごく感じました。

参加者　ありがとうございます。（拍手）最近、不思議なことばかり起こっていた。まさかkuさんとakikoさんの真ん中に私が座っているなんて、夢みたいです。

ku　金星のエネルギーを持っているから、来ている。

参加者　マリちゃんが誘ってくれたのに。

ku　そうじゃなくて、あなたがやらせたの。あなたの頭の中に住んでいる自分はそう思っていないかもしれないんだけれども、あなたの魂とか流れがそうさせたわけ。だから、もう決まっていたんです。

参加者　エーッ、そうなんですかぁ。

ku　そうです。

参加者　うれしいです。ありがとうございます。

akiko　何か聞きたいことがあるのですか。

参加者　聞きたいことはいっぱいあるんです。どうしようかな。

akiko　一個ね。

参加者　私に合うものって何ですか。
職業的にどういうのが向いているとか。

ku　あなただったら、何をやってもうまくいくと思いますよ。

参加者　今、人生で信じられないぐらいのことが起きています。
皆さんの前で発表するのは恥ずかしいんですけど、いろいろあって、悩んでいます。

ku　発展の時期があるわけだから、悩む時期はあります。

例えば、女性に生理があるでしょう。きついかもしれないけれども、生理があるからこそ女性の繊細さだとかきれいさが出てくるじゃないですか。
あなたの魂は今、磨かれている。これから魂がきれいになるということです。

参加者　じゃ、これはいいんですか。どうしよう。

ku　我慢する必要は全くない。
そういうものなんだということで、自分自身の中に受け入れることです。
逃げないで受け入れるキャパシティーがあなたにある。
それをちゃんと受け入れることだと思います。そうしたら、道が開けてくる。
どうしようどうしようと言って、今の頭の状況で考えても前に進まない。
自分の浄化が終わると、ある一定のところに来る。
来たら、道がスーッと開けます。
どっちかというと、あなたは外側に意識を向けちゃう人です。

怖いから、外側に意識を向けちゃう。それは仕方がない。

今は自分自身のほうに意識を向けて、浄化をして、「kuさんが言うとおり、ステージに上がるんだ」と思っていただければ、道がスーッと開けると思います。

今の段階だと、どうしても砂の上を歩くような感じになっちゃう。

そこで何とかしよう、何とかしようというと、泥沼にハマッていっちゃう。

浄化が終われば、いいステージがちゃんと来ます。

そこから自分自身の中で新たなスタートを切れるようになっています。

あなたがスタートを切ろうと思わなくても、そういう流れにちゃんとなりますから、大丈夫です。いいものがついています。

参加者　本当ですか。ありがとうございます。（拍手）

Section 3
僕はＵＦＯを持っています！
そのことについてお話しします～！

宇宙だったら思っただけでパパパパパンとできてしまう

ku　今日は宇宙のど真ん中の話をします。

十数年前から、うちの奥さんと僕でいろいろ霊査をやっていて、ストックがＣＤで50枚ぐらいあるのです。

akikoちゃんにそう言ったら、「kuさん、それ、何で出さないんですか」と怒られた。

僕は引っ込み思案だからね（笑）。

今日はそれを出してくださいと言われたので、その話をしてみたいと思います。

おもしろい情報だから、肩の力を抜いて聞いていただければと思います。

僕はＵＦＯを持っています。

僕がいつも使っているのは、透明のキューブです。

思うと一瞬で、そのキューブの真ん中に入っていく。

「２ＬＤＫ」とか「３ＬＤＫ」とか「６ＬＤＫ」と思うと、パパパパパッと思ったとおりになるんです。

「１００ＬＤＫ」と思うと、ダーッと一瞬で変わっていく。

よくＵＦＯの動画で形が変わったりするでしょう。あれは本当なんです。

中心軸に自分の霊体で立って、コントロールしていて、自分の思った瞬間にバーッと変わるのです。すごいよ。皆さんにもそういう感覚があります。

日常生活の中で、焦ってしまうとか、イライラしちゃうとか、「何で私はもっと早くできないの」ということがあると思うんです。

それは宇宙にいた時代に、思ったらすぐパパパッと叶うことを、しょっちゅう、しよっちゅう、経験してきた魂だからです。

だから、地球に来ても焦っちゃう。何で結果が出ないのかしらとイライラしちゃう。

例えば、3LDKの家を一つ買うのに、建つまで3カ月間も4カ月間も待たなければいけない。

司法書士が来たり、銀行員が来たり、「保険、入りますか」なんて余分なオプションまでつけられて、ああでもない、こうでもないということがあるでしょう。

それでようやく家ができる。それが宇宙だったら、思っただけでパパパパパンとできる。

UFOはキッチンが要らないから、LDKは要らないかもしれない。

だけど、そんなイメージがポポポンとできるUFOを僕は持っています。

スターシードの皆さんが焦っちゃうのは、宇宙に帰ると、何でもスピーディーに叶うものに乗られているからです。

UFOに乗っていたのが龍になったり、龍に乗っていると思っていたら鳳凰になったり、いろいろに変わる。それが宇宙の真実です。

ですから、焦っちゃう気持ちがあったとしても、それはしようがないのです。

僕のＵＦＯは、地球の上にもあります。

僕のガイドの太陽星人が持っているＵＦＯは、真っ黒で、三角形です。目立たない黒にしてあるのです。

そこから地球の上に、ダーッとガラスのように敷居が出ていて、そこを僕はいつも歩いています。そこから地球を眺めているのです。

僕だけの楽しみだったので、あまり言いたくなかったんだけどね。

太陽系全体の霊界にも、ピラミッドみたいなＵＦＯを用意してあって、デッキみたいになったところから、いつも眺めています。

銀河系の上にもＵＦＯを置いていて、そのガラスのデッキみたいなところから眺めている。何でそういうものを用意しているのかというと、地球の情報を全部宇宙に上げているのです。

この中には僕のブログを読まれている方がたくさんいらっしゃると思いますけれども、こういうことはストーリーになっちゃうから、ブログにはあまり書きませんでした。

皆さんもこれから地球を卒業されて、宇宙に行かれたら、そんなイメージング、創造、何でもできます。だから行きたくてしょうがないのです。

「宇宙に帰るけど、いろんな浄化が起きて大変だ」と思うかもしれないけれども、そういうものすごい世界が皆さんを待っています。

だからといって、今いる地球をないがしろにしちゃダメだよ。

生きていることをきちっとやらなきゃいけない。

宇宙に帰れば、ものすごく美しい世界が待っています。

今日は、そういういろんな星の話をしようと思います。

Section 4 リラとベガ

もっと繊細に、もっとわかりやすく、今この地球の体験が幻想だとわからせてくれる

ku　いろいろな星があるのですけれども、ベガとか琴座の話をしますね。

今は、リラも、琴座のベガも大体同じです。

過去の文明になっちゃって、肉体とかはない。転生輪廻もない。非常に霊的な星です。

ベガにも、高度な文明、高度な場所があるんです。そこに僕はよく行きます。

ベガという星は、「柔《やわら》」という言葉が似合うような星のグループです。

自分を投影していくこと（自己投影）が徹底的に体験できます。

この星は、とても内省的です。そして、神としての体験をどこまでできるかは自分の内面にかかわっているということをわかっています。

自分の内面にあるものがそのまま現象化して、目の前に出ちゃう。

そんな特徴を持った星です。

つまり、いやが応でも自分の内面が、目の前の世界をリアルに体験できちゃう。

例えば、「夜」と思えば夜になるし、「光」と思えば光が降ってくる。

こういうことは地球の霊界でもできますが、もっとさらに繊細に、わかりやすく反映してくれます。これは幻想なんだということがわかりながら体験できる。

皆さんが将来、リラとかベガに行かれたら、今体験していること、おもしろいことが全部体験できます。

「そうそう、日本に住んでいたときに、こんなことがあった。あんなことがあった」という、忘れていることまで全部体験できます。

そういう投影されたものを見て気づく。

気づく。気づく。最後はそこが落としどころです。

気づいて、またシフトさせていく。それがリラとベガの役割みたいなものです。

行ってみると、すごいですよ。ベガはとにかくスピリチュアルのハブです。

目の前の世界、外側の事件、出来事、生活、危機は幻想であることをしっかり理解させてくれます。

地球では、「あいつのせい」「こいつのせい」「あの国のせい」になっているでしょう。

それがベガではない。全部自分自身の魂が投影されているから、何だって体験できます。

そんなことができる場所でもあるのです。

Section 5
kuのベガ専用のガイド　ミエル・ラ・スー

この女神様は相手の波動をそのまま鏡として見せてくれる

ku　kuのベガ専用のガイドみたいなのがいます。

女神様で、その名前が、ミエル・ラ・スーといいます。

これは今日皆さんに置いておきたかったワードです。

ミエル・ラ・スーは、非常に内的な、気づきの女神様です。

皆さん、ミエル・ラ・スーという言葉を覚えておいてください。

自分の中で、気づきが浅いとか、気づきをもっと深めたいというときは、異次元的ですけど「ミエル・ラ・スー」と心の中で唱えると、気づきがちょっと深くなったり、インスピレーションがバーンと来たりします。

ベガでは優秀な女神様で、相手の波動をそのまま鏡として見せてくれます。

受け身というより、やわらかい。

いろんなものを吸収して受け入れる寛容性がある。

では、ベガにはどんな場所があるのか。それもお伝えします。

Section 6 ベガにある気づきのアトラクション

僕はベガのまんじゅうをずっと食べている⁉

ku　ベガには、気づきのためのアトラクションみたいなものがあります。

これも自分とベガと一緒に創造しているものです。

おもしろいです。森があって、僕は宇宙龍みたいなのに乗っています。

「あっ、森だ。降りてみよう」と思って、ボーンと森に降りる。

そうすると、ヤシの木みたいなものがいっぱい生えているのです。

黄色いヤシの木、緑のヤシの木、青いヤシの木……、いっぱい生えている。

そこから、そのヤシの実みたいなフルーツがボンボコ落っこちてくる。

青い木からは青い実、赤い木からは赤い実が落ちてくるのです。不思議ですよね。

キャベツ畑みたいなのもあって、キャベツに似たものの皮をペロペロペロッ、ペロペロペロッとむくと、中からまんじゅうとか大福みたいなのが出てくる。

ぷにぷに、ぷにぷにしている。これを食べるんです。

ベガには、食べるということがないんだけど、食べてみようかなという気持ちになるから、食べてみる。すると、中が七色のジャムみたいになっています。

味はないんだけど、自分の体が変わってきます。

オッ、アッ、アーッ、あれれれっとなって、チャクラがピカピカピカピカッとなる。

僕はベガのまんじゅうをずっと食べています。

皆さんが幽体離脱して、もしベガに行くときがあったら、または将来帰るときがあったら、ぜひこのまんじゅうを食べてください。

光っておもしろいよ。個々のチャクラを光らせたいときは、赤い実のまんじゅうとか、青い木のまんじゅうを食べます。青い木には青いまんじゅうが実ります。

青いまんじゅうを食べると脳がきれいになったり、赤いまんじゅうを食べると第1チャクラがきれいになったりします。

不思議です。ベガの食べものは、単なるエネルギーをとるだけのものではなくて、気づきを得たり、霊的に光ったりします。

自分がkuの肉体に戻っても、ピカピカピカピカして、浄化が効いているんです。

「おお、これは効いている」となる。

もし幽体離脱できるのであるならば、行ってみてください。

Section 7 ベガには幾何学模様が霊的に体験できる場所がある

宇宙に行かなきゃ損だよ、その理由は!?

ku　もう一つ、ベガにはおもしろいところがあります。

初めて発表されることだと思うのですが、ベガという惑星の本性みたいなものがあって、幾何学模様なのです。宇宙と幾何学模様は切っても切れないものです。

そこに実はベガのシークレット（秘密）があります。博物館のような場所です。

僕が行くと博物館に見えるだけで、博物館ではないのですが、口では言いあらわせないようなものすごい近代建築になっています。

中に入るとびっくりします。幾何学模様みたいなサンプルがいっぱいあります。

例えば、僕がフラワーオブライフみたいなものをポッと取って、「これにします」と言うと、そのフラワーオブライフを体験できます。

霊体と幾何学が一体化、同化するのです。

その幾何学はどんな意味があるのか。

どうしてこんな形になっているのか。

その美、その智慧、その意味のようなものは、言葉にできないけど体感できる。

その智慧のようなものは、魂の中にグーッと深く入っていくのです。

もともと僕らの魂は、そういう形で創造されたわけじゃないですか。

その創造を思い出す。

ただ、「kuさん、どういう感じなんですか」と言われても、残念ながらもう思い出せません。肉体に入っちゃっているからね。

だけども、ああ、こういうことなんだと完全に腑に落ちる。

こんなことは地球のスピリチュアルでは絶対できない。
ベガに行かないとできない。
だから、宇宙に行かなきゃ損だよと言っているのです。

Section 8
びっくりするフラワーオブライフの体験

レオナルド・ダ・ビンチもベガに行っていた!?

ku　なぜフラワーオブライフなのか。

自分の体がそのように形成されていくので、体感が深まるのです。

僕はそれを体験したときに、本当にびっくりしました。

そこへベガ人が来て、一言言います。

「レオナルド・ダ・ビンチも、生きているときにここに来たよ」と。

なるほどと思いました。

彼は生きていながら、幽体離脱して体験している。

もちろん、ほかの星にも行っていると思いますけどね。

自分の霊体がどんどん広がったり、ライン状になったりして、変わっていきます。

そして、終わったときには、その叡智の感覚が体験として残ります。

似ているものがあるとすれば、万華鏡です。

昭和の方は知っていますよね。鏡の中で模様ができていくじゃないですか。

あれみたいな感じで、自分の魂がフラワーオブライフと一緒にでき上がってきます。

すると、フラワーオブライフはこういうことなのかとわかる。

そんなアトラクションみたいなのがベガにはいっぱいあります。

だから、スピリチュアルをやるんだったら、ベガへ行ったり、琴座へ行ったほうが早い。縦・横・高さの3次元だと、エゴがどうしても想像を超えられないのです。

あと、宇宙に行ったほうが、得るものはものすごく大きい。

僕はこういう体験をしたけど、一人一人、行った感覚は全く違うと思います。

一人一人が自分の想像でできる。
だから今、宇宙に行ったほうが早いのです。

Section 9 皆さんのパラレルセルフはベガ、リラにいる!?

無限の可能性と無限の力が皆さんの存在の体質にあるのです

akiko 最初からヤバいよね（笑）。

でも今、kuさんに話していただいたところは、皆さんが転生してきているところなのです。皆さんの宇宙ファミリーがいる。

そこにみんなのパラレルセルフというハイヤーセルフの一部とかガイドがいたりします。

だから、人ごととして聞くよりも、あなた自身のことだと思って聞いていただきたいのです。

それぐらい皆さんには可能性があるし、おもしろいことができる存在としてここにいるのです。

だから、どれだけ無限の力があるかということを知っていただきたいと思います。

これからkuさんが説明してくださるのは、全部皆さんのことです。

kuさんはそれを幽体離脱して直接見てきてくれている。

すごいことのように思うかもしれないけど、実はそっちが皆さんの本質だということです。

Section 10 私の魂はどこから来ているのか!?　「空《くう》」です！

「空《くう》」とは、全ての全てです‼

akiko　私たちの魂はどこから来ているのですか。どこの星とかと言うけど、結局どこかで生まれて、体験している。そのあたりを聞きたいです。

ku　私の魂はどこから来るのか。これは皆さんが一番初めに思うところだと思うんです。「どこから来るのか」は最高の質問です。だけど、私たちの、私のという、個性の分離を超えた内容でないと、説明ができないんです。

その分離を超えたものとは何かというと、いつも言っている「空《くう》」です。

空《くう》とは何かというと、全ての全てです。

いろんなスピリチュアルで、天使だ、悪魔だ、何十次元まで行きましたと言います。

でも、何十次元、何百次元に行こうが、空《くう》にはかなわないのです。

空《くう》が全ての出発点です。空《くう》をわかりやすく言うと、数字のゼロと同じようなものです。

例えば、ゼロは何もないですね。空《くう》も何もない。

何もないんだけど、ゼロは全てを持っていたりします。

例えば、0×100は0です。0×1000億は0です。0×10000兆も0です。

全てゼロに丸め込まれてしまう。

この無限というゼロに1とか2はかなわない。

出発点は、空《くう》です。その中から、数字の有限である1（初めの数字）みたいなものができた。この1に当たるのが集合意識です。この集合意識が意識を持って、次元とかをつくっていく。

次元というのは、意識（波動）の違いです。

この波動の違いができた段階で、2とか3とか10とか100とか兆とか、幾らでも分かれるわけです。この意識が次元をつくり、銀河をつくっていった。

銀河も、akikoちゃんのアンドロメダ銀河のような大きな銀河もあれば、僕らが住んでいるような天の川銀河もある。

天の川銀河は、意識からできて、ちょっと次元が下がっていった。

この天の川銀河から、惑星とか恒星ができてきた。

また意識が下がって、次元が下がって、恒星の中の琴座というグループから初めて人類が肉体を持って誕生した。

肉体の中に魂がおさまると、「私の魂」となるわけです。それがこの言葉の出発点になります。

初めに空《くう》があって、集合意識みたいなものがあって、そこから銀河があって、銀河から惑星があって、人間ができた。人間の個性の魂ができた。そういう流れです。

このストーリーは誰がつくっているのか。

僕の答えなので、絶対正しいとは言わないのですが、マリーンという魔法使いの一番のマスターです。マリーンのようなグループがストーリーを決めていった。

そのストーリーの中に僕たちは生きているのです。

自我が何をやったとしても、そのストーリーにはかなわない。

「ダルマ（注）の流れに任せなさい」と僕はブログで言っていますが、流れが全部ストーリーの中で決められています。

自分たちが自由意思を持って何かやるのは全然構わないんだけれどもね。

akiko　kuさんは、空《くう》から始まって、いろんな体験をされているじゃないですか。

ベガとかアンドロメダとか、長く滞在するところがある。

そういうのは魂が自分で決めているのですか。

ku　自分で決めています。一番多いのはプレアデスです。

地球と遺伝子が近いからね。あと、ヒューマノイドだからです。

注）ダルマ……カルマとは反対の本来の流れという意味

いきなり昆虫星人になってくださいと言っても、いきなり角が生えるわけにはいかない。

少しずつ変形して、人間の延長上みたいなところ、プレアデスに行って、今度はもうちょっと抽象的なシリウスへ行ってみる。

シリウスで霊的になったら、今度はベガに行ってという感じで、赴くままに決定されています。

akiko もう一つ聞きたいのですが、星はいっぱいあるじゃないですか。

星はたくさんあるんだけど、なぜ一般的なところに多く転生するのか。

何でみんな、例えばプレアデスとかシリウスとか、有名なところに行くんですか。

ku 有名なところに人は集まるじゃないですか（笑）。

今の時代も戦争が起きているけれども、大昔にもオリオン大戦とか、いろんな戦争があった。琴座とかにも戦争があった。

いろんな恐怖とか心配があるから、どうしても多くの人たちが集まるところ、安全なところへと人は流れるんだと思います。

意識的に高い人は、意識的に高いところに自分で勝手に行っちゃうんだけど、そういう人たちばかりではないので、全体的には、一般的なところへ行く。

一割自分の上のところとか二割自分の上のところとなると、どうしてもプレアデスとかシリウスだとか、そういう有名なところがいいのかなとなるのだと思います。

Section 11
アンドロメダグループ

akikoちゃんとアンドロメダは切っても切れない関係です！

ku 次は、akikoちゃんのところ、アンドロメダのグループに行きます。
akikoちゃんとアンドロメダは切っても切れない。
僕の知っているアンドロメダグループを紹介します。
僕の『スターシードの心理』は銀色です。
あれはアンドロメダからのアドバイスなんです。

社長にお願いして「すみませんけど、銀色にしてもらえますか。アンドロメダがそう言っているもんで」と言ったら、「ハイ、わかりました」と言ってくれた（笑）。

アンドロメダというグループは、とにかくパワフルです。

アンドロメダ星人が人間となって、魂がある程度肉体に慣れて、整ってくると、自分中心軸からグーッと一気にエネルギーが渦巻き状になる。

akikoちゃんを見てもそうだけど、基本軸がずれない。

ずれないから、中心軸でエネルギーをしっかり巻き上げることができます。

そして、上がってきたエネルギーがボワーン、ドワーッと発射する。

これがアンドロメダです。中心軸がしっかりしているので、突き抜けられる。

クンダリーニヨガというのがあるのですが、僕が霊査したら、あれはアンドロメダが相当サポートして、人間にエネルギーを突っ込んだようですね。

クンダリーニというのは、エネルギーが第1チャクラから第2チャクラ、第3チャクラと、ブワーッと上がるヨガです。最後は松果体を通過させて覚醒する。

こんなイメージをアンドロメダは持っています。

だから、中心軸からずれない。それだけのエネルギーが扱われます。

話は変わって僕は、箱根の温泉に行って、外風呂で休憩していたのです。

そうしたら、透明なエレベーターみたいなものがクーッと降りてきて、3人のアンドロメダ星人が出てきたのです。それで、僕はいろいろ会話した。

ブツブツ言っているんだから、温泉に入っているほかの人は「何を言っているんだ、あいつ」と思っただろうね。

そのとき、アンドロメダ星人が、僕の首の後ろからエネルギーを入れてくれたのです。

これが最近皆さんにやっているアンドロメダワークです。

アンドロメダ星人はこう言いました。

「肉体的アセンションシフトが始まるので、このエネルギーを入れておくと、アセンションしやすいよ。みんなにやってほしいから、あなたには、とりあえず実験台で入れてあげる」と。

入れてもらったら、すごく心地よかったです。

1年、2年、すごく調子がよかったので、これはいいのかなということでみんなに入れています。

では、ここでアンドロメダの特定の星に行きます。

僕の場合は、まず真っ白な惑星みたいなものが見えるのです。

一番特徴的な星です。

その惑星の上に、キューッと雲みたいなものがあります。

巻き雲というか竜巻みたいな雲です。

その上に小さな星があります。母星と子星です。

子星のほうには、水というか、海とは違うんだけど、液体みたいなものが入っています。そこに半透明の人間がいます。内臓が全部見える。

人体模型みたいに透き通っているけど、気持ち悪くはない。

内臓一つ一つが、黄、だいだい、赤、青、緑で、LEDライトみたいな感じでピカピカピカッと光っている。

カラフルでしなやかなロボットみたいで、ものすごく美しい。

発光するスケルトンのような種族です。

僕の会うアンドロメダ星人は七色に光る人がすごく多いです。

この種族もそうです。透き通るような美しいヒューマノイドです。

アルクトゥルスは、パステルカラーで優しい感じの七色のエネルギーを出します。

同じ七色なのですが、優しいエネルギーです。

アンドロメダは、どちらかというと、パワフルで、はっきりした七色です。

そして、人をモチベーションするパワーを持っています。

アンドロメダ星人が子星の海に入ると、エネルギーが充電されて、母星のほうにスーッとまた戻っていく姿が見えます。ちょっと抽象的な宇宙です。

ダリという画家がいますね。時計が溶けたような世界を描いています。

ピカソはキュビズムで、ワンネスティックな抽象的な世界観を描いています。

アンドロメダはそういう世界観です。

なぜそう見えるかというと、統合した世界を分離した視点から見ているから。

人間の魂が見える世界には限界があって、そう見える。

そのぐらい抽象的な世界で、表現しにくいのです。

そして、合理的で科学技術がものすごく進んでいる。

科学技術が進んだ内容と、抽象的なものがミックスしているのです。

二極でアンバランスなものを統合して見せるような、すごい世界観です。

これがアンドロメダ流に上手に統合された、合理的で、知的で、高度な世界です。

アルクトゥルスも統合されていますが、アンドロメダとは違いがあって、アルクトゥルスはどっちかというと、優しい感じです。スーッと人を和ませる。

アンドロメダは知的で、パワフルで、派手にガーンとエネルギーを押して、人を啓発します。人をボンと起こす。

皆さんも、akikoちゃんのエネルギーでボーンと起こされたのですね。

ボーンと起こされて、エーッとなっている。

もちろん優しいエネルギーもあります。それにプラスアルファで力強いものがあるのです。

それぐらい力強くなかったら、人々は起きないんです。

優しいだけだと、また眠ってしまう。眠っていてはダメだ。起きないといけない。

そういう意味で、アンドロメダはアセンションのプロだと僕は思っています。

アンドロメダの人に地球に来てもらって、人間になってもらって、今のアセンション時代に啓発するというのは、すごいことなのです。

もう一つ、アンドロメダにはかわいらしいグループもあります。

遊園地のキャラクターみたいなのがいるのです。霊査すると出てきます。

個人セッションでも、アンドロメダ星人には、遊園地にいそうな、ポケットモンスターのキャラではないけれども、テントウムシに似たキャラクターとか、亀に似たキャラクターとか、キノコ人間のようなキャラクター、ミツバチのようなキャラクター、地球で言うところの虫とか動物がアニメのキャラクターになったような人たちがいます。

地球的に言えば、妖精の世界のアンドロメダ版みたいな世界です。

首までは普通の人間というアンドロメダ星人もいます。

首から上が電球みたいになっているのです。

エネルギーがクンダリーニみたいな感じでドワーッと上がってくると、ビカーッと光って360度照らす。周りからは、いきなり光り輝いて見えるからオワーッとなる。

そうやって啓発するアンドロメダ星人もいます。すごいですよ。

このアンドロメダエネルギーは強力なパワーなので、普通の人間がいきなり浴びたりすると、倒れたり、カルマが出ちゃったりします。

だから、ヒーラーさんとかチャネラーさんとかスターシードの人しか、アンドロメダのエネルギーは受け取れないのかもしれないですね。

アンドロメダの人が地球で何か仕事をするとすれば、芸能人のような人気商売が向いていると思います。

僕のセッションにアンドロメダ星人が来たことがあります。

ピカーッと光って啓発するから、目立つんです。

芸能界って人気商売じゃないですか。僕が見てきたアンドロメダはそんな感じです。

ちょっと抽象的でわかりにくかったと思いますけれども、ちょっと高次なのです。

akiko　おもしろいね。アンドロメダを経験しているスターシードは多いですか。

ku 最近、多いですね。2000年以降じゃないですか。狙って出てきているんじゃないですかね。目立つから、芸能界とか、何かのリーダーとか先生のような人たちになっていく。

akiko 隠していたアンドロメダ性を最近になって出し始めたとか、そのあたりのエネルギーを使う方は多いのではないですか。

ku エネルギーの出し方を言いあらわせないから、人に話しても信じてもらえないんです。

akiko エネルギーが頭に上がっちゃって思考が強くなっちゃうタイプのアンドロメダ系の人は多いですね。

Section 12
天の川銀河とアンドロメダ銀河の違い

アンドロメダと天の川銀河はこれから物理的に一体化します

akiko　天の川銀河とアンドロメダ銀河の違いを聞きたいです。
この地球自体も天の川銀河じゃないですか。アンドロメダ銀河は違う銀河ですね。
何でアンドロメダ星人が天の川銀河のこともやっているのか。
そのあたりを聞きたいです。

ku　今、僕らがいるのは天の川銀河です。

アンドロメダ銀河とどう違うのか。物理的に見ると、天の川銀河には、太陽みたいな恒星が2000億個ぐらいあるのです。アンドロメダには1兆ぐらいある。

アンドロメダ銀河の恒星の数は、天の川銀河の5倍ぐらいあるわけです。

ものすごく大きい。大きくなった理由があるわけです。

それは、今言ったとおり、ダイナミックさとパワフルさを持つアンドロメダの波動エネルギーです。このエネルギーがあるからこそ、これだけ大きくなったわけです。

では、天の川銀河はどうかというと、細かいところまで気を遣うような繊細さであったり、アーティスティックな面があったりする。

琴座のスピリチュアリティーでも出てくると思うんだけれども、ダイナミックなほうが陽だとすると、繊細さのあるこちら側は陰で、違う部分でお互いにバランスをとりながらあらわれていると思います。

akiko　天の川銀河とアンドロメダの特徴は、今ので結構わかった。

ku　あと何年というのは忘れちゃったんだけど、アンドロメダと天の川銀河が物理的に一体化します。

そういうのも含めてエネルギーを調圧しなきゃいけないということで、アンドロメダグループがうちの銀河に入ってきて、啓発する。

それがアンドロメダ星人の一番の目的だと思います。

何で啓発するのかは、その人の分野によって違う。美容師になる人もいれば、タレントになる人もいる。その分野でエネルギー啓発したいということだと思います。

akiko　なるほどね。ミクロがマクロなんですね。

私たちの中で統合が起きているのと同じで、銀河自体も統合が起きている。

大きいからダイナミックな感じですけど、結局同じことが起きているのですね。

ku　そうです。だから、アンドロメダのお父さんがいて、天の川銀河のお母さんがいて、ミックスして、何か新しいものを生み出していく。宇宙は創造だから、個人も創造するけれども、銀河全体でも創造していく。生み出していく。

そういうエネルギーが今働いているんだと思います。

その真っただ中に僕らはいるんです。

akiko オーケー。みんな、わかったかな。

Section 13
アルクトゥルス

限りなき完全に近い調和の波動があらゆるところにしみていく

ku　次に、アルクトゥルスに行きましょう。アルクトゥルスは皆さん、感じていらっしゃるのでわかると思うんですけど、僕が感じたアルクトゥルスを語りますね。

限りなき完全に近い調和の波動です。その調和の波動が浸透していく。

あらゆるところにしみていく。そして、癒やされていく。やすらぎが広がっていく。

それがアルクトゥルスのエネルギーです。

僕も僕の奥さんも、幽体離脱して宇宙にいるとき、身近にアルクトゥルスのエネルギーを感じます。でも、いまひとつ正体がつかめないというか、姿がつかめない。アルクトゥルスでもいろんな次元の段階があって、下のほうに行くと、ヒューマノイド系のアルクトゥルスもいるんだけれども、僕が言っているのは高次のアルクトゥルスのエネルギーのほうです。

霊界に行くと、その人の一番安らぐ形、おじいちゃんならおじいちゃんとしてあらわれます。そういうところはちょっとベガに似ています。

相手への奉仕というところが、アルクトゥルスのおもしろいところです。ごく自然な形で奉仕してくる。それがアルクトゥルスのエネルギーです。知らない間にしみてきて、気がついたら治っていたみたいな感じです。

本人が気づく、気づかないにかかわらずやってくる。

アルクトゥルスに行くと、光の海があります。そこにはいろんな宇宙人が来ています。光の海にボーンと入って横たわると、アルクトゥルスの霊気がスーッと浸透してきます。「ああー、癒やされたー」みたいな感じになるのですが、そのときパステルカラーの優しい七色の光が体の中にスーッと浸透してきます。
どんな人が来ても、アルクトゥルスは受け入れてくれます。
もちろん、高波動だから、裏宇宙だとかヘンなのは来ない。
疲れた人を呼んで、中に入れてくれて、癒やしをくれます。
そんな安らぎの場所がアルクトゥルスというところです。

Section 14 アルクトゥルスと地球のかかわり

アセンションを支える宇宙警察みたいなイメージ

akiko アルクトゥルスは、地球とつながりやすいと思うんですけど、ちょっと宇宙警察みたいなイメージがあります。

ku あの世に行くときに、暗闇のトンネルを通るとよく言うじゃないですか。そのトンネルを越えた世界にお花畑があるでしょう。

あういうものをアルクトゥルスがつくっています。

地球で言う地水火風のエレメントを利用して、そのエネルギーで、ある一定の方向にうまく操作している。彼らは、ギラギラしていなくて、遠くで奉仕するようなやり方をするので、本人たちにはわからない形でやってくることが多いのです。

それが計画と言えば計画なんだと思います。

例えば、シリウスが人間に、アセンションするようにDNAをいじったという話があります。アルクトゥルスはもっともっと奥のほうで、まだ人類が生まれてくる前に、この星全体の将来のことを考えて、いろんな面で皆さんが生活しやすいような一つ一つのこと、自然系とか自然体とか自然の形態とかを全部そろえてくれた。

もちろん、人間のためだけでなく、アルクトゥルスは全体のことを考えて、ある方向に持っていくわけです。

そのある方向というのは、アセンションの一つのポイントになります。その星全体が、アセンションするように、高次になるように持っていくんだと思います。

akiko パーフェクトだと思います。

シンクロして、すごい。その答えが欲しかったという感じです。

ku 人間のエゴの世界で、戦争があったり、何だかんだ、いろんなことがあっても、アルクトゥルスはそんなことに関係なく、宇宙のヒーラーです。

宇宙の存在たちは、アルクトゥルスみたいな存在があるからこそ、今の自分が汚れていても、いかに自分がヘンであっても、私たちは神なんだということを実感できます。鏡のような存在なのです。

だから、アルクトゥルスは転生輪廻もしなかったし、トラブルがなかったのです。

マリーンが残してくれたものがあるとすれば、アルクトゥルスを目標にするということです。

アルクトゥルスを一つの見本とすることで、自分が生きられるようにしてくれた。

こういうあり方がすばらしいんだよという、神の見本としてアルクトゥルスという存在があるんだと思います。

アルクトゥルスのマインドに帰れば、いつでも自分自身が神であることを思い出せる。
癒やされっ放しではなくて、逆に多くの人たちを癒やせる。
そんな存在の仕方をしているのが、アルクトゥルスだと思います。

Section 15 自分の分身が宇宙のあちこちにいる

宇宙人の統合は、普通の地球人とちょっと違う

akiko 今、この場にいる皆さんも、ネットで見ていただいている方も、スターシードの皆さんはアルクトゥルスのつながりがかなり強い。

そのエネルギーをすごく使っているということですね。

身近に感じている方は多いと思うんですけれども、私たちは本当につながりが強い。

生まれてくるときと、死んだ後も、このアルクトゥルスのエネルギーによって癒やさ

れたり、次の次元に行ったりしている。

かかわりがものすごく強いということなんですね。

すごいよね。私たちの故郷の星でもある。

私たちはここにいるんだけど、多次元に同時に存在していたりするじゃないですか。

ここにいるんだけど、アルクトゥルスに分身がいたり、シリウスとかに存在していたりする。それは一般的で、みんなそうなんですか。


ku　そうですね。セッションで、「私は何星人ですか」と言われます。

僕は、もちろん、一つのきっかけとして言いますけれども、例えばハイヤーセルフがニューヨーク本店だとするでしょう。

シカゴ支店とか香港支店とかいろいろあるのと同じような形で、宇宙に自分のハイヤーセルフがあるとすると、シリウスの自分、プレアデスの自分、ベガの自分、地球の自分という形で存在しているのです。

お互いに効率よく、いろんな経験をハイヤーセルフに上げている。

そういうことについては、僕は最近、動画を出したので、YouTubeのほうで見てもらうとわかります。

もう一歩突っ込むと、地球では肉体を持っているでしょう。

ほかは大体6次とかの高次なわけです。

高次元では、ネガティブなものは出ないのです。波動が高くなっている。

3次元の僕の肉体は、ネガティブな部分がたくさんある。

そういう磁場だから、ここで十分に発揮して、彼らのカルマを出すことができるわけです。例えば、シリウスにいる人がカルマを持っているとすると、分身である僕という肉体を通じて、彼のカルマを出すことができる。

どうやって出すか。トラブルを起こしたり、親子げんかしたりする。

高次だったら親子げんかはできないけど、3次元になれば親子げんかができる。

親子げんかは、相手が悪いとかそういうレベルではなくて、カルマを出すためにやっているわけです。結果的に浄化を誘導するためです。

シリウスの浄化が終わると、今度はゼータ・レクチルの自分も出てくる。

ゼータ・レクチルは頭が大きい。ああでもない、こうでもないと考え過ぎている。考え過ぎる肉体を持っている僕が浄化すると、雑念が全部ハートの中に消えていく。ゼータ・レクチルはすっきりするわけです。

そうすると、今度は入れ替わってプレアデス星人で「ハートの奥が痛い……」という存在が出てくるので、自分の肉体を通じてハートを癒やしてあげる。

このようにいろんな宇宙人、いろんな分身たちの浄化をしているんです。

それですっきり、きれいになって帰る。

みんなきれいになるから、みんながハイヤーと一つになる。それが統合です。

akiko　多次元の自分といつ交流しているのですか。夜ですか。

「いまここ」でも交流していると思うんだけど、エネルギーの交流はいつやっているのですか。

ku　今のこの段階でも交流できているんだけれども、まずエゴ（自我）があるから、自我のほうの自分を信じてしまって、交流している感覚がないのです。

ところが、寝ているときとかは、自我が静まっている。

そういうときのほうが交流しやすいね。認識しやすい。夢を見ているときとかね。

実は夢を見ているのではなくて、交流しているということが多いと思います。

akiko　それは意識的にやったほうがいいのですか。

ku　新しい方法があればやってもいいし、やらなくてもいい。

意識的にやってもいいし、やらなくても、大きな流れは統合するほうに導いてくれると思います。

だから、もうちょっと早めたいとか、もうちょっと何とかしたいとか、もうちょっと早くこのネガティブを取りたいというときのために、そういうワークをやったりするのもいいと思います。

Section 16
アセンションと新シリウス人、そしてクシカ

未来の自分が牽引してアセンションを手伝ってくれる⁉

akiko　kuさんの奥さんはシリウスとかにいるじゃないですか。どのぐらい強いつながりの存在がいるのですか。例えば、私でもいいんですけど、一人の人にどのぐらい濃いつながりの交流をしているのか、聞きたいです。

ku　プレアデスもあるけど、まずシリウスに行きますね。

皆さんが人間を終わって、いよいよ次の星に行くとします。シリウスに行った場合は、新シリウス人という形になります。未来生のようなものがあるとすれば、未来は新シリウス人になっている可能性もあるわけです。未来のシリウス人である自分自身が、今の自分自身をモチベートして、引っ張ってくれることがあるのです。

自分はシリウスから指導が入っている、もしかすると未来のシリウス人なんじゃないかという感覚がある。もちろん、宇宙に帰ったら、未来も過去もない。

全部パッケージになっていて、「いまここ」しかない。

だけども、「いまここ」での話で言うと、未来の自分が牽引してくれて、今のアセンションを手伝ってくれることもあります。

シリウスは6次元ぐらいでしょうか。もう昔にシリウスはアセンションを終わっていますから、アセンションの仕方も、地球でのシフトの仕方も知っています。

kuの奥さんが今日、ここに来ていますけれども、未来生のクシカとして、シリウスのストーリーを語っています。

うちの奥さんが幽体離脱して、シリウスに行ったときの名前がクシカです。

クシカのシリウスの自宅は、とんでもなく美しい海の前の、お城のような場所です。

入り口には、狛犬のように、ライオンが2匹いる。

七色のたてがみのライオンをクシカは飼っているのです。

七色のたてがみのライオンは、普通のライオンとは違います。

その2匹がクシカに寄り添っています。

大昔、うちの奥さんもシフトして、パコーンと第3の目が開きました。

それでポーンと行ったのが、シリウスです。

シリウスだと全然わかっていないので、「ここはどこだろう」と言っていた。

僕の動画で言うと、いきなりフォーカス56に飛んじゃったようなものです。

海の前にクシカは立っていました。そうしたら、向こう側から古代エジプト人のような女性があらわれて、「森のほうに行ってみませんか」と言いました。

この女性は、クシカと会話しようとしていたのです。

この女性は全身が緑色の、グリーンブラッドと呼ばれている種族です。

クシカは少しびっくりしました。

このような場合、徐々に慣れていくしかありません。

緑色のエジプト風の女性は、ターナといいます。

クシカのシリウスのガイドです。僕らはほかの星にもガイドがいるのです。

ターナは、後にわかったのですけれども、エジプト文明のときの霊能者の一人として、シリウスから地球に出ていたので、エジプト風の姿をしています。

ターナがシリウスを案内してくれました。ターナの言うとおり、森に行ってみると、全身緑色の野生的なシリウス人、うちでゴック隊と呼んでいる者たちがいる。

彼らは科学知識もあって、シリウスの自然を合理的に豊かにします。地球で言う鉢に苗を植えたり、科学的に調査しながら、シリウスと自然とのバランスをとっている。

背中のジュラルミンケースみたいなところに入れた苗を出すのです。

10人ぐらいが列をつくって、田植えをしているように見える。

kuの我が家は山を持っているから、たまに山に入って木を伐《き》るのですが、奥さんが力わざをするときに霊的にゴック隊が入ることがあります。

僕は「あっ、ゴック隊が入った」というのが見えることがある。

ゴック隊が入る前は、奥さんは「こんなの私、ダメ。重たいからイヤ」と言っていたのに、ゴック隊が入ると、オリャーッと力を発揮する。

すごいパワーを出すんだ。おかげで助かっています。

話をシリウスにもどすと空《そら》を巨大な鳥が舞っています。とても優雅です。鳳凰のような鳥が飛んでいるのです。

シリウスという場所は、とんでもなく豊かなところで、鳳凰のような鳥が日常茶飯事に飛んでいるのです。

遠くでクリスタルガラスの音色のような音が鳴りました。

クシカとターナは、森からクシカの屋敷に戻ります。

クシカの屋敷に、一人、また一人、また一人、たくさんの人が入ってきます。

その中に、貴族のように背筋が伸びて、シャキッ、シャキッと歩く女性がいます。身長は2メートルぐらいあって、顔は非常にきれいです。

ただ、後頭部が細長く伸びている。シリウス人にはこんなタイプが本当にいるんだ。

この人はクレアといいます。うちの奥さんの友達で、科学者です。遺伝子研究をしていて、宇宙中のいろいろなものを集めています。

クレアは、ラボというか研究室を持っていて、クレアの庭にはありとあらゆる花が乱舞しています。とてもきれいです。○○星の花、△△星の花というぐあいに、研究でコレクションして、新種をつくったりもしている。

失敗する場合もあるし、成功する場合もあるし、クレアは楽しみながらワイワイと研究しています。

クレアは、クシカが生まれる前からの、シリウスの友達です。

多種多様な人物たちがどんどん集まってきました。

クシカのシリウスおかえり記念パーティーをやるようです。

そこにもう一人、男性があらわれます。パルという名前です。

彼はシリウスの中でも豊かなパワーを持っています。

所有ではないんだけれども、UFOを200機から300機持っています。

エネルギーがものすごく豊かで、地球で言う大金持ちです。

はにかみ屋で、とても温かい性格です。

実は、パルは日本に生まれてくることを希望していました。最近、我が家の孫として生まれる予定でしたが……無事生まれてきたようです。去年生まれた僕の孫にそっくりなのです。

目がクリクリしていて、体中アトピーをつくっている（笑）。

あ、そうだ。宇宙人はみんなアトピーが出る人が多いです（笑）。

さて、クシカの庭には、招待された人たちが集まってきました。

青、緑、白……、いろいろな肌の色のシリウス人がいます。

音楽隊のような小さな妖精たちも集まってきました。

そして、地球で言うところの歌と、クリスタルボウルのような音がして、セレモニーが始まりました。とんでもなく美しい妖精たちが歌い出します。

みんな集まって、ニコニコ笑って、美しい風景がハーモニーとなっていきます。

そこへ先ほどの鳳凰が飛んできました。

鳳凰は、カラフルなエネルギーをブワーッとパーティーのみんなにまきます。

赤、黄、透明、シルバー、いろんな色に輝くエネルギーがあふれて、上空をバーッと舞います。パーティーは盛り上がります。

そこへアルクトゥルスが来ました。

アルクトゥルスのエネルギーがドワーッと来るのがわかるので、みんな「わあ、アルクトゥルスのエネルギーだ」と言い始めます。

アルクトゥルスはエネルギー体なので、シリウスのように高次であればあるほど、そこが一気に心地よい空間になります。

アルクトゥルスが来たことが波動でわかるのです。

海から、イルカ君たちも陸に上がってきます。

ベルーガちゃんたちも上がってきます。

クシカの庭には地球から連れてきた龍もいる。

いろんな生き物たちがクリスタルボウルのような音のセレモニーを聞いて集まってきます。

シリウスは、外見が違っていても、精神的にはつながっているので、一気にハーモニクスして、喜びをみんなで享受しています。

妖精たちの歌が終わると、イルカ君たちが陸に上がってきます。

イルカ君たちはいきなり二本脚になります。二本脚が生えて、陸に上がってくるのです。

シリウスでは、食べたり飲んだりはしません。肉体がないからね。

けれども、雰囲気は味わえます。

早速パルがみんなを乗せて「ライオンゲートでも行かないかい、みんな」と誘っています。

パーティーが終わりますと、みんなは大名行列のように引き揚げていきます。

貴族たちは、しゃなり、しゃなりと去っていく。

このようなパーティーは、全てつながりながら盛り上がります。

地球と違って、みんなと無理やりコミュニケーションをとったりする必要がない。

だから、誰か一人が寂しい気持ちになっちゃっているとか、みんなから外れて孤独になることがない。みんなの喜びが自分の喜びということで共鳴、共感しているのです。

ハーモニクスされているのです。だから、疲れるようなことは一切ない。

これが6次元のシリウスです。

この中には、将来、新シリウス人とか新プレアデス星人になる人がいると思うんだけれども、本当にびっくりします。

来てよかったと思います。

シリウスには、もっと奥があります。

入り口にはライオン星人とか、高度な人たちがいます。

ピラミッドがいっぱいあって、キャットピープルだとかもいます。

言ったら切りがないくらいです。

ライオンのグループは、顔はライオンで体は人間です。

怖がらせないように、初めは顔を隠したり、違うものに化けていたりします。

しばらくすると、ポッと顔を見せてくれる。優しい感じで、知恵もあります。

たまにライオン星人の方がセッションに来ますけれども、すごいです。

寸分たがわず人生がハイヤーセルフとガッツリ合っている。

ものすごく精巧で、きめ細かく行き届いた人生を送っています。

シリウスは、プレアデスと違って、抽象的です。

プレアデスは肉体を持っていて、具体性があるのですが、シリウスは、ベガほどではないにしても、抽象的なエネルギーが流れて、つながっています。

私の思いはみんなの思い、みんなの思いは私の思いということで、自分を喜ばせれば喜ばせるほど、みんな盛り上がっていくような星です。

akiko　懐かしい気持ちになった方も多いんじゃないかと思います。

今のお話を聞いていて、イメージがつきました。

そのような映画があったり、そのような情報が地球の中にすごく散らばっていると思うんです。物語みたいな感じで今聞いていたと思うんですけど、皆さんのこと、君たちのことだよ!!（笑）

リアルにそのような世界に自分が存在していたということですね。

今現在、存在している。リアルにいる。それが本当にすごいことだと思うんです。

人ごとのように思うのではなくて、自分のこととして、そのリアリティーを今、体感していただきたいと思っています。

Section 17 みんななぜシリウスが好きなのか⁉

自分たちの魂の中にシリウスを求めるのは、過去に行ったり、体験しているから

akiko　みんなシリウスが好きよね。とりあえずシリウスみたいな感じ。何でこんなに人気があるのでしょうか。体験している人も多いと思うんだけど、地球とのつながりが、プレアデスとシリウスみたいな感じのところがあるじゃないですか。何でシリウスはこんなに地球とのつながりが強いんですか。

ku すごく美的なんじゃないですかね。

akiko 美しいの?

ku 美しいんじゃないかな。最近、ファッション業界でも透明なブルーがはやっています。うちにはアパレル系の方が来るので、よく話すのです。

透明なブルーとかがはやっていますが、あれはシリウスブルーです。ファッションの世界でも、透明なブルーだとか透明な緑はものすごく注目されています。そういう部分で、シリウスには美というものが根源的にあると思うのです。

自分たちの魂の中にシリウスを求めちゃうのは、過去に行ったことがあったり、体験したりしているからでしょう。

魂が初期のころにシリウスでお世話になったとかいう感覚が残っていて、それが喚起されて、何かあるとシリウスということになるのだと思います。

akiko　イメージとしては、ＬＥＤテレビ。すごく繊細な、あまりにも美しいのを知っているから、地球の中の粗さも感じますね。

ku　プレアデスだと、地球が何千年か進化しているところだから、まだ肉体を持っていて、合理的に論理的に生きていたりするんだけれども、シリウスはそういうのは通じない。完全につながっているから、そういうことも要らない。もっともっともっと伸び伸び生きられる。だから、プレアデスから次に上がって、シリウスを目指すみたいなイメージがありますけれども、そういう進化形としてというところはあると思います。

僕たちはヒューマノイドという、こういう形になったじゃないですか。

それはこの銀河の、この地球の中では理想的だと思うのね。

akiko　そんな世界をみんなすでに知っているということなんですね。

だから、そこの差を地球の中で結構感じると思うんですけれども、皆さんは、体験をすでにされているということがすごいなと思います。
あとはオリオン、プレアデスですね。

Section 18 オリオンに行く

戦いに疲れ、延々と繰り返すカルマを終わらせた星

ku　じゃ、オリオンに行きましょう。

うちの奥さん、クシカと、あの大金持ちのシリウス人のパルと、太陽星人の僕の別のガイドのジョルジュの3人でオリオンに行ったのです。

パルの宇宙船に乗って行くんだけど、うちの奥さんの行き方は込み入っているんだ。

地球から幽体離脱してシリウスに行って、シリウスからオリオンに行くという複雑な

行き方をするんです。だからおもしろいんだけどね。

青い星々が見えてきます。三連星です。

行く前にアルクトゥルスから「青い三連星が見えてきたら、それがオリオンだよ」と言われていたので、パルとみんなで探してみると、「あっ、見えてきた」と誰かが叫び発見できました。そして三連星の方に向かって行きました。

ところが、近づくと、オリオンのほうから、バンッとキャッチされました。

釣りをしていると、餌を食われた瞬間のグッとなる手応えがあるじゃないですか。

あれと同じような感じで、グッとキャッチされた。

ちょっと驚いたけど、3人とも別に怖くはなかった。

宇宙船が無防備になっちゃって、グーッと牽引されていった。

オリオンに誘導されている間は無抵抗のままになっている。

宇宙船は静かにとまりました。

オリオンに降りてみましたが、3人は恐怖とか不安を感じませんでした。

そこには超近代化した世界がありました。僕も見てきました。

すごいのです。森とか緑がちゃんとある。

オリオンは、近代文化がものすごく盛んになって、緑とか自然に対する愛もある星になっていたのです。

アルクトゥルスが相当サポートを入れて、奉仕されて、大分癒やされたと言っていました。

3人は、招かれるままに、大きな、変わったデザインの塔の中に入っていきました。

向こうから男の人と女の人が出てきます。

2人は白人系のヒューマノイドです。女性は少しメイクしています。

クシカが言うには、女性は少しのっぺりした顔で、男性は「スタートレック」の俳優レナード・ニモイ演じるスポックのような、耳のとがったヒューマノイドです。

彼らは、こう声をかけてきました。

「あなた方が来ることは、ワープ移動しているときから感知させてもらっていました」。

戦いムードは全然ない。落ちついていて、平和的な2人です。

クシカは言います。「シリウスから来たんですけど」。

クシカは、幽体離脱してシリウスに行き、そこからオリオンに来たということを説明しました。

オリオン人は全部わかっていました。

地球のアセンションのこともちろんわかっていました。

クシカは、「実は、地球のアセンションの高波動の中で私は霊的能力が目覚めて、幽体離脱して、シリウス人である私は、シリウスにいつもいるのです」と言いました。

「そして、アルクトゥルスからオリオンの過去の戦いのことを聞いて、今のオリオンはどうなっているのか見に来ました」と言いました。

クシカは宇宙の知識は全然ないので、アルクトゥルスから「オリオンは昔、戦いがあったんだよ」と聞いたのです。オリオン大戦もあまり知らない。

それを聞いたオリオン人は、「そうですか。それはかつてのことであって、戦いには嫌気が差したのです。そして、延々と繰り返す戦いのカルマを、私たちはもう終わりにしました。大分前の話です」と言う。

クシカ「戦いに関係するものとか戦士などに囲まれる雰囲気は、ここの星にはないですね」

オリオン「そうです。ただ、その名残のようなものがあるとすれば、あの感知システムです。別にあなた方をどうするという思惑はありません。ただ、隙をついて、他の宇宙の人々、裏側の宇宙人に狙われたことがあったので、システムで守っているのです。今はもうそんな人たちは来ません」

クシカ「ただ、あのころのあなた方の幻影が、今地球に再び現象化されています。地球に戦争が絶えないのは、オリオンの時代の幻影でもあります。今あのころのオリオンの人たちがたくさん地球人になっています」

オリオン「そのようですね。地球の人々もそれが幻影だということがいずれわかることを信じています。自分たちが今、このようになれたのは、二極化を統合するような種子が誕生して、新しいオリオンの種になる民族ができたからです。二極化を統合する、統合に近い遺伝子を持つ種子を育てていて、ふやしているのです。一旦封鎖して、防衛を完璧にして、外からは入らないようにしてから、種子が次の世代、次の世代、次の世代という形で繁栄するまで育て上げているのです。二度とあのころのようなことにはしない。そのために統合の種子のDNAの子孫を成長、繁栄させて、今が始まりました。これが今のオリオンなんです。殺伐としていた星を緑にしたり、平和的な波動の動物を星に取り入れたり、いろんな星全体を癒やしてきました。それにはアルクトゥルスも協力してくれました。今の地球にも、オリオンの投影を現代文明で発生してしまっていることを私たちは知っています。今のオリオンには武器はゼロです」

クシカ「それでは、今は平和そのものなのですね」

オリオン「そのとおりです。戦いはあり得ません」

クシカ「私は地球でオリオン大戦のような映像を見たことがあったので、少し誤解していました。（「スターウォーズ」を見たと思われる）その名残のようなものがあると思っていました」

オリオン「またいつでもお越しください。あなた方はオリオンではもう登録されています。ただ、単体でいきなり来る人も珍しいですよ」

クシカ「また来ます」

kuの感想ですが、オリオンは、とても高度な文明の美しい星でした。

この星に思いを寄せると、そのエネルギーが入ってきます。

ビジョンとして見えてくる人もいるかもしれません。

また、オリオンは今、宇宙連合だとか光の評議会のグループで、地球のアセンションとかも全部サポートして助けてくれる高度な文明になっています。皆さんの知っている情報のとおりなのですけれども、一応今日は初心者の方もいらっしゃるので、簡単な文章にしてみました。

akiko すごい。今のオリオンは、もろ平和になっているのですね。オリオンと言えば、「スターウォーズ」とかで戦争のイメージがすごく強い。それを癒やしに地球に来ている方も多いですね。

ku 転生輪廻に入っている人が多いと思います。

akiko オリオン大戦についてちょっと聞きたいなと思っています。オリオン大戦は結構長かったんですよね。どのように影響があったのですか。

ku 極から極まで知らなければならなかったわけです。例えば、その逆がアルクトゥルスだとすると、アルクトゥルス一つでは、もう一つの極が見えてこない。

空《くう》は、善も悪も全部透過しています。僕らはゲームをしているわけです。

バイオレンスの映画もあれば、平和な映画もある。全部体験する。

その中の一番極の部分、地球で言うとヒトラーがしたような残虐な行為もあるじゃないですか。あれがあるからこそ、人間はここまでやっちゃうんだということを知る。

平和だけわかっていればいいわけではなくて、戦いもしなければならなかったのです。

そんな悲惨なことを何で経験するんですかと言うかもしれないけれども、それは長い長い、何億年という歴史の中で学ぶものがあった。

戦争があるからこそ、平和が大事だと思える。

平和のままでいたら何も気づきがなかったりします。

僕たちに大事なのは、ゲームを通して気づくことだったり、自分が神であるということを探し出すことです。そのストーリーの中では、オリオン大戦というものが、大きな流れではどうしても必要だったのです。

極致的な平和もあれば、最悪の戦争もあるという両方を経験することによって、人間の魂の奥行きと広がりができる。

例えば、尼さん、坊さん、過去にキリスト教をやられた方は特に、高いものばかり求めます。きれいなものばかり求めるわけです。

それを正しいとして、醜いものは絶対見ない、私の中にはそんなものはないと言うけれど、本当は全部あります。

それを探して見せてくれたのが、オリオン大戦だったのです。

高いものも低いものも、自分自身の魂の横幅だとか魂の奥深い愛情だとかも、両方見る。そういう奥深いものとか自分自身の気づき、深い愛情とかキャパシティーの広いものは、上を見ているだけではわからない。

上も下も両方経験して、その魂の横幅、魂の器、観音様の器みたいなものをつくっていくというゲームの中では、どうしても戦争が必要だったということではないかと思います。もちろん、戦争はいけないことではあるんだけれども、そういう時代もあった。

傷ついたこともあるかもしれないけれども、必要だったのです。

Section 19 オリオン大戦の記憶

akiko　うーん、すごくいい話。もっと聞きたい。
おもしろいよね。話がリアルです。創作ではない。
今、地球の中で起きている戦争は、オリオン大戦に比べると、1割ぐらいですかね。
ということは、9割ぐらいヤバかったのですね。
オリオン大戦というのはそれぐらい長かったし、制圧がすごかった。
kuさんは、オリオン大戦のとき、アンドロメダに避難されたと思います。
kuさんの中のオリオン大戦の記憶を聞かせてください。

ku 記憶はいっぱいあるよ。

akiko いっぱいある中でも必要なもの、どのようなヤバさだったのか。

ku あのときは、レプタリアン系も含めていろんなのが来ていたのです。

僕はいろんなのと戦いました。また神官などにもなって癒やしでシフトさせることもした。

ただ、最後に僕はオリオン大戦でスルーして、自分自身の中で終わらせることができた。もともと僕のルーツはベガだし、琴座だと思ってスピリチュアリティーを学んでいたので、幻想の中に入り過ぎないようにしたのです。

そして、自分自身を統合し始めました。目の前の世界は幻想なんだと。

そうしたら、あるときアンドロメダのアセンションの流れみたいな霊流をクーッと受け取った。それをキャッチして、そのとおりやろうということで、今皆さんに言っているような浄化の仕方だとかを今、地球で僕は再現しているのです。

浄化しなさい。手放しなさい。それだけという、ものすごいシンプルにしている。

そして軽くなってきました。軽くなればなるほどつながってきて、この世界を幻想と見破れるようになってきた。

でも、世の中の人を見てみて。外を見て。自分の目の前が幻想だと思っている人はいない。

だから、戦争の中にハマッていくわけです。

コロナの中にハマッていくわけです。

でも、皆さんはここで気づきを得ている。

僕が今、皆さんに言っていることは、オリオンを脱皮したときのやり方です。

僕はそれをゼータ・レクチルのときにもやっていました。

核戦争が起きて、みんなが地下に閉じ込められて最悪なときも、シフトして見せて、魂はこうやって明るいほうへ行くんだよと見せた。

みんな暗闇の中にいるからね。

もし僕が何かのお役に立てることがあるとすれば、僕がまず明るくなることだけです。

明るくなって、「ほら、こんなに明るくなれるんだよ」ということを見せる。

僕は来年60歳だけど、60歳でこんなに元気なんだぞということを、自慢するわけじゃないんだけど、「kuさんみたいにシフトできるんだ」と思っていただけるなら、それでみんなを救い上げることができる。

バケツの中にカニがいっぱいいて、1匹のカニが逃げるとするじゃない。

そのカニはどうするか。「みんなも上ってくれれば、逃げられるよ」と言う。

その1匹のカニが僕です。そんな感じでセッションをやっています。

僕がそのときに思ったのは、本当にシンプルなことでした。

浄化だとか手放しをしていけばいい。

この目の前の世界は幻想だ。

例えば、イヤなものがあったら、そのイヤなものを抱き締める。そして、受け入れる。

トイレが水洗ではなくて、くみ取り式だとするじゃないですか。

イヤな臭いが来たとします。食事前にヘンな話をしてごめんなさいね。

そのとき僕だったらどうするか。そのくみ取り式トイレの中に入る。

肉体的には入らないよ（笑）。

魂が入って、「ああーっ、臭いな」と言いながら抱き締める。

でも、みんなは違う。「それはイヤです」と言う。

シスターなんかは特にそうです。

「悪魔、ああ嫌い。悪魔は怖い」と避けちゃうから、追ってくる。

オリオン大戦もそうです。戦いを怖い怖いと避けて、みんな逃げた。

そうではなくて、それを抱き締める。

マザー・テレサは、亡くなる数年前から悪魔を、悪魔というのも幻想なんだけど、祈禱でも何でもなく、抱き締めた。それで昇華した。それが統合です。

ものすごく簡単なことです。ものすごく簡単なことがみんなわからないのです。

だから、ものすごくシンプルで、簡単にシフトできるんだよということを言っています。

オリオンのときも言っていました。

akiko　ああ、超いい流れになった。すごいですね。カニとくみ取り式（笑）。何が降りてきたのかと思った。これが宇宙とクセの強さですね。クセになるね。いやあ、おもしろ過ぎた。これ、本当にヤバい。オリオンのところはみんな体験しているんですよね。すごく大事な内容だったと思うから、よかった。

Section 20
プレアデスでは「自分が好きなことをして生活したい」がすでに叶っている

すごくきれいな星、みんな幽体離脱して見てきてください

akiko　では、最後にプレアデスに行きましょう。
みんな大好きプレアデス。

ku　これも僕が幽体離脱して見てきたものです。
僕のプレアデスのガイドはロジェといいます。

プレアデスのある星に母船がとまっています。

ガイドのロジェは男性で、金髪です。「こっちこっち」と手招きする。

この人はいろんなことを指図してくるので、うるさくてしようがないのです（笑）。

ロジェの案内で、まずプレアデスの宇宙船に行きました。

大きな三日月のような宇宙船です。

中は、とにかく不思議で、センスが抜群のデザインです。

そして、乗ると半透明の反物質で、形を変えることもできます。

プレアデスには、機械的なものもあるんだけど、これは中でも一番すごいヤツでした。

中は薄い水色のガラスのような感じでできていて、宇宙船の中にいるのか、外にいるのかわからない。空《くう》の中に入っちゃっているような感覚になります。

薄い水色をしたガラスのようなものがＵＦＯの全体でもあり、内側でもあります。

つまり、乗っているという閉鎖された圧迫感がほとんどないのです。

皆さんの中には、ご自身あるいは身近な、お知り合いにパニック障害みたいな症状の方がいらっしゃると思います。そういう方に伝えたい。

地球の中はめちゃくちゃ狭いのです。電車の中で閉じ込められている感じがします。

だけど、プレアデスへ帰ったら安心してください。

こういう乗り物に乗っても別にパニック障害は起こさない。

精神的に、外にいるか中にいるかわからない。

ヒーリングを受けている感覚で、UFOに乗っている。

だから、UFO酔いにもならない（笑）。

UFOは極端にブレないようにとまる。

正確に飛び、上空に行けば行くほどきれいな薄いピンクの光に包まれます。

これはチャクラで言うとハートです。

地球には絶対ない薄いピンク色の光で、プレアデスの都市全体を包み込んでいます。

上空に行けば行くほど静かで、穏やかな星の文明がキラキラ、キラキラとダイヤモンドのように輝いています。

やがて宇宙に出ると、今までいた星を含めて7つのプレアデスの星が見えてきます。

プレアデスの関連星も全部見えてきます。

すごくきれいです。地球のみんなに見せてあげたい。みんな、幽体離脱しちゃってよ。

こんなきれいな星には戦争は似合わない。飢餓も似合わない。悲しみも似合わない。

上空から眺めるプレアデスは幸せそのものの波動であり、地球人が見たら絶対泣いてしまうと思います。何で地球はこうではないんだろうと比較してしまうと思います。

でも、こういうプレアデスみたいな星があるからこそ、地球の数千年先のような理想の星があるからこそ、僕たち地球はそっちのほうの世界に向かっていけるわけです。

乗り物自体は生き物のように動きます。

この宇宙船の中でロジェは、語るというよりインスピレーションで、「プレアデス星人の寿命はカルマが地球人のようにないので、肉体は衰えにくい」と言ってくれました。

1000年ぐらいは生きる。肉体を脱ぐ感覚はあるけれども、死に対する理解があり、霊的なこともわかっているので、肉体を脱ぐときをお祝いと考えている。

年をとればとるほど叡智が湧いてくる。「ジジイ」と言われたりしない。

悟りを開いているということで尊敬されるわけです。

つまり、本当に誕生とか死とかいう概念が、プレアデスの場合はすごく薄いのです。

肉体を脱いだか脱がないかみたいな、永遠の生命の中で肉体を持ったみたいな感じで、死とか恐怖を超えているわけです。

なぜ今、地球は戦争をしているのですか。

みんなが死にたくないからでしょう。地球はまだそんなところです。

死というものを乗り越えていかなければいけない。

横やりを挟むようですけれども、皆さんの中には、疑似死、死ぬのではないかという経験をした方がいると思います。それは、一旦自分自身の中にある死というものを克服しなければいけないというときなのです。

一旦死を受け入れて、死というものがこんな感じなんだとわかると、死が怖くなくなります。

怖くなったことが、実はシフトです。

プレアデスには死などない。

将来プレアデスに行くのであれば、自分自身が本当に亡くなる。

その前に、生きている間に死というものの恐怖を克服する場面が必ず出てきます。

プレアデス星人の子どもさんがポーンと生まれると、ここには母親としてのエゴがないので、育てるということがありません。

みんなで育っていきます。母親が所有するという概念がないのです。

所有は欠乏感から来ます。

欠乏感があるから、みんな頑張って所有を達成しようとする。

でも、この星は愛でつながっているので、所有がない。与え合っているのです。

というより、自分が好きなことをしている。

今から話すことが、プレアデスの中で一番のポイントです。

皆さんも、セッションで「自分の好きなことで生活したいです」と言いますね。

それが叶っているのがプレアデスです。

プレアデスへ帰ればわかります。ここは経済がない。

地球のように強烈な人間がいなくて、プレアデス星人一人一人が好きなことをやっている。それがそのまま社会のニーズになっています。

つながっているので、一人一人のやっていることに無駄がないのです。

全てエゴのカルマの流れではなくて、ダルマの流れの中にいるのです。（ダルマとは……神としての流れ、大いなる存在の流れ……のようなものです）

子どもを育てるのが好きな人、植木を育てるのが好きな人、大工さんみたいな人、いろんな人がいます。ただ、それぞれが勝手なことをしているようで、完全なシンクロニシティーと集合意識で動いていて、カルマがないとは言わないけれども薄いので、経済がないのに相手のニーズに合わせています。

わかりやすく言いましょう。僕らの人体がありますね。

心臓というプレアデス星人、肺というプレアデス星人、血液というプレアデス星人、赤血球というプレアデス星人がいる。

人体にはプレアデス星人が8億くらいいて、勝手に好きなことをしている。

心臓を動かしているだけとか肺を動かしているだけとか、勝手に好きなことをしているけれども、全体的にはバランスがとれている。

何でこんなことができるのか。つながっているからです。

地球は、好きなことをエゴでやる。それは全体性につながっていない。

だから経済が必要なのです。おカネという目安が必要なのです。

おカネを目安にすると、貧乏な人もリッチな人もあらわれます。

同じ仕事をしているのに優劣ができてしまう。

でも、プレアデスにはそれがありません。

今この瞬間、この瞬間にやっている好きなことが全部つながって、全部一つの人体みたいに完璧に社会のニーズになっています。

これをみんなに言いたかった。すごく大事なことです。

今、あなた方は好きなことにワクワクする。それができないこともある。

ハイヤーセルフの感覚に従いながら動けば、完璧な行動ができます。

もし達成できないことであっても、ここは地球だから、気にしないでやっていただきたいです。

伝えたいことはまだあるんだけど時間が来ました。

すごく大事なことだけ、簡単に言いましょう。

プレアデスには病院のようなものもありますが、病人はあまりいません。

悲壮感のある人がいないのです。

カプセルみたいなものがあって、その中に入ると、治ってしまう。

学校の教育現場でも、子どもは寝かされて、頭を高波動にされて、必要な情報は全部入れられる。それはそれは高度です。

そして、プレアデスの上空から見た世界はすごくきれいです。

ぜひ皆さん、今世も大事にしてほしいけれども、来世は生まれた星に帰って、幸せになってください。

そのときに僕やakikoちゃんがドーッと迎えに行くからね。

以上です。（拍手）

akiko　プレアデスの話、ヤバいね。

でも、実現可能だということですね。

完全なシンクロで起きているということだから、みんなもつながって、完全なシンクロが起きる。ここは一番大事なところだね。

Section 21
宇宙での引き寄せ方
浄化し、ハートを開き、第３の目を開く！

宇宙人なんだから地球で遊ぶ！　念でいったほうがベスト！

akiko　これは皆さんに一番必要なことかなと思うのですけれども、宇宙での現象化の仕方、引き寄せはどうやっているのか。

プレアデスのエネルギーの現象化も簡単なんですよね。

ku　現実的な話として、皆さん、おカネとか成功だとかと言いますね。

簡単に言うと、皆さんは第2チャクラに恐怖がたまっていたりするのです。

そこを浄化することです。そして、ハートを開くこと。

そして、最後は第3の目を開くこと。この3つが主にきれいになると宇宙人の魂は変わります。

そして、念でいくしかないと僕は思っています。だから、ビジョン化、ビジュアル化する。

欲しいモノ、例えば車に乗りたいなら、車のビジョンを家の中に貼る。

宇宙人なんだから、地球で遊ぶんです。

車に乗っているところをイメージして、「ああ、車は気持ちいい」とポジティブなことを言いながらやっていけばいいと思うのです。

成功しない人は、人脈がないのです。

成功するためにはヒト・モノ・カネ・情報でしょう。ところが、人が来ない。

僕とakikoちゃんは来ているよ。

だけど、あなた方は宇宙人でしょう。宇宙人が引き寄せられている。

あなた方が一歩外に出て、自営で商売したいというときに、なかなか人が来ないんです。

例えばホリエモンが1万転生しているとします。一回生まれて1万人のお客さんをつくったとします。1万転生して1万人のお客さんだから、1億人知り合いがいるわけです。過去生で成功してやってきて、1万転生している。

お客さんが1億人いるということは、ホリエモンが昭和にオギャーと生まれて、幼稚園で「ホリエモンです」と言った瞬間にみんな知り合いです。

そこの町も県も、日本中全国、ホリエモンと過去生で知り合いです。

そんな人がテレビで「ホリエモン」と言った瞬間にお客さんがバーッと来るじゃない。

これは成功法則ではなくて、過去生の問題です。

だから、宇宙人が何かやったり、お店をやったりしても、人が来なかったりすることがある。念でいったほうがいいよというのはそういうことです。

akiko　念というのは意図のことですか。

ku　意図する。ビジュアライズする。言葉に出すという感じかな。

akiko　念というのは、どうやればいいのですか。

結構強めにするの？　みんなもそこを知りたいですよね。

ku　セッションに来た人には言ってあるんだけれども、自分の好きなものをビジュアル化して、家の中に写真をいっぱい貼っておくのです。

宇宙人には、第3の目が開けている人が多いので、結構引き寄せをしやすいのです。

ただ、念だけだと、ただの超能力者になっちゃう。

第2チャクラだとかハートチャクラだとかをしっかり浄化して開いて、最後にビジュアル化すると、引き寄せやすいし、バランス良く全体的に上手にいく。

例えば、学校でいじめられているシリウスの子どもさんがいます。

彼女とか彼らは波動が高い。地球人の子どもは低いところでザワザワしている。

本人だけ波動が高くて、みんなは低いと、どうしても仲間外れにされてしまう。

だから、多くの仲間たちがシリウスに引っ張り上げる。

そうすると、「いじめられた。もう学校へ行きたくない」と言って不登校になる。

波動が高いことは事実です。波動が高いことはいいんだけれども、波動が高い人は孤独になりやすいのです。

商売として成り立たせるには多くの人たちの気持ちがわからないといけないし、多くの人たちを引き寄せないといけない。ところが宇宙人の高い波動と人間の波動が合わない。

ということは、引き寄せられる可能性がものすごく低いということを宇宙人はまず知らないといけない。波動が高い分、宇宙に帰れる。しかし、だから人間と波動が合っていない。

そうは言っても人間として何かやるべきことをやりたいというのであるならば、僕がお勧めするのは、自分で引き寄せるということ。そうすると、人脈だとかは引っこ抜いて、その形だけでポーンと来ます。

akiko　そうそうそう。

ku　僕は、会社を持っていて、家を買ったんです。

高級住宅街に遊びに行って、写真を奥さんに撮らせました。

それで「俺はこの家に絶対住む」と言っていた。それを家に貼っている。

俺は20代のときから何千万円ももらっているけど、ビジョンでずっとやっている。競争しない。競争したらダメなの。ビジュアルだけでいく。そして、やるべきことをしっかりやる。

淡々、淡々とやるのが宇宙人は得意ではない。

だけど、淡々、淡々とやらないとうまくいかない。ここは地球人のマネをして淡々、淡々と、肩の力を抜きながら、ビジュアライズしながらやるべきことをやっていくのです。

また、そういうビジュアライズしたものを一旦忘れることも大事です。

一旦、消してしまうことも大事です。

消してしまって、気がつけばそれが叶っていたみたいなこともあります。

ただ、初めの段階では、ちゃんと**ビジュアル化**して、**言葉に出して**やってみてください。そうすると、一時的に飽きてしまって、後で剝がしたとしても、どこかで聞いていて、ポンと引き寄せられてきます。

akiko　過程は全部吹っ飛ばしてしまうということなんですね。

先にビジュアルとか念で「これ」と決めて、そのエネルギーを感じて、それで終わり。念の部分をしっかり持つ。クリアリングですね。先にクリアリングができていないと、自分で遮るから、そこだけきれいになっていれば、あとは念でそこを意図する。

私のイメージでは、アンドロメダのときに一瞬一瞬で全部パッパッパッパッという感じで現象化できちゃうのです。集中して、「ここ」とか「ここに行きたい」と思ったら、バーッとそのエネルギーになる。

振動すると思うんですけれども、それでその場所に行っちゃったりする。

何かしたいと思ったら、それが目の前にあらわれたりということが一瞬でできるんです。

しかも、それは時間とかは全然関係ないから、全部パパパパッと現象化できてしまう。

それぐらいの速さなんです。皆さんはそれができる。

だから、全然難しく考えなくていい。原理はそういうことです。

意図、念というところをしっかり思っていただけたらいい。

あとは自分で遮らないということですね。

ku　すばらしい。そのとおりでございます（笑）。

akiko　これをみんなにと思っていた。
地球という面倒くさいところで一個一個、信じてやっていると思う。何でうまくいかないかというのはすっ飛ばしていいのです。大事なのは念の部分ですね。

ku　そう。念を入れて手放して、念を入れて手放してということを繰り返す。

自分自身が飽きっぽいということを逆に利用して、やってみる。

一個結果が出たら、またそれと同じようなことをやってみるということでいいと思います。


akiko　地球での現象化は簡単です。これだけだから。

これしかやっていないもんね。余計なことをしない。そういうことだと思います。

皆さんの故郷の星の話がいっぱい出てきました。

ありがとうございました。お疲れさまでした。（拍手）

PART 2

質疑応答篇

地球在住の宇宙人たちとの本気のやりとり

◉僕たちは記憶がないままに地球に遊びに来ている

質問者1　宇宙のことがあまり感じられないんです。

でも、今日は懐かしくて仕方がなかった。涙が出そうなくらいでした。

記憶はなくても、つながっているのでしょうか。


ku　僕たちは地球に遊びに来ているんです、記憶がないままに。

あなたが山田花子さんだとすると、山田花子さんの楽しい人生を送ればいいんです。

だって、宇宙に帰ったら宇宙を思い出す。

例えば、僕がハワイへ行ったら、日本フェアをやっていたとします。東京ドームのような会場に日本の催し物ばかりあって、半ば無理やりそこから出られない状況でフェアにつき合ったとします。

日本人として連れていかれて、日本フェアを3日も4日も楽しまされても、ハワイに来たのにつまらないとなるでしょう。あなたもそうです。

記憶は消して、日本人を楽しむ。

途中で機会があって、目覚めてくるというのをあなたはちゃんと設定しています。それが今日です。

今から目覚め始めるという形なのです。

◉自分が宇宙人だという確信をもつとあらゆるものが許せます

質問者2　先ほどkuさんが、幽体離脱をどんどんすればいいとおっしゃっていました。それは普通の人でもポンとできるものなのですか。

ku　幽体離脱には、自分の体が全部出ちゃうものがあるのです。

これはちょっと危ないです。

でも、バイロケーションといって、自分の魂の一部を離脱した霊体に生かすことができます。

第2チャクラを浄化して、ハートを開いて、昇華され、活性化してくると、そういうことができるようになります。

宇宙人はそれができやすいのです。

ただ、宇宙に行ったからいいわけではない。大切なのは宇宙人として地球を楽しむことです。

自分は本当に宇宙人なんだという確信を持つと、日常生活のあらゆるものが許せます。人間としては一旦分離してしまうかもしれないけれども、なぜ自分が苦しんでいたのかがわかります。

一番大事なことは、幽体離脱してもいいが、そこで得た情報で宇宙人としての本当の自分に気づいて、それを地球の日常で生かせることです。

◉宇宙にチェックインしているからここにいる

質問者3　12月5日のkuさんのブログの中で、「宇宙のチェックイン」という言葉があったのです。

kuさんのセッションを持たれている方に「宇宙にインしたんだよ」という言葉をかけ

ていたのです。

「宇宙にインしている」という言葉をもう少し詳しく教えていただけますか。

ku 俺のしゃれだと思うよ（笑）。

その前にホテルにチェックインしたのを覚えていて、チャネルに入ってきた、そんな感じだったのかな。

気にしなくていい。あなたはもうチェックインしているじゃない。

akiko チェックインしているからここにいるんだね。

感覚で捉えればいいんじゃない？　あまり頭を使わないほうがいいですよ。

地球で頭を使って、いいことはない。

◉人間から宇宙人になるときに恐怖を設定している⁉

質問者4　手が温かい感覚のときと、冷たい、ゾゾッというすごい寒気のような感覚は、よくないものなのですか。
よくないエネルギーの見分け方がわかりません。

akiko　よく言われる。
冷たいとかいうのはとりあえず置いておいて、気持ちいいか気持ちよくないかです。

質問者4　気持ちいいのは、温かい感じなのですかね。

akiko　人による。気持ちよくても、手が冷たいときはあると思うんです。
心地好いか心地悪いか、気持ち悪い感じか、気持ち悪くない感じか。
そっちのほうで見たほうがいいと思います。

質問者4　宇宙語が来て、ゾーッとするのは、よくないものなのでしょうか。

akiko　kuさん、どうですか。
宇宙人にはヘンなのがいるよね。どうなの？

ku　宇宙人から人間になるときに、恐怖を設定しているのです。

宇宙人になかなか戻らないようにしているわけです。地球人を体験するために。

その恐怖を乗り越えるときに、無理に乗り越えなくていいんだよという場面に出会うことがあります。

あなたの場合は、恐怖が、ゾッとするような感じで出てくるのだと思います。

またその他の場合にもしゾッとするものがあるとすれば、それはあなたの中でクリアしなければいけないものがあって、クリアするとまた上のステージに上がれるというサインだと思います。

そしてさらにステージが上がると、あなたの中でエネルギーが回ってきます。

自分の周りにドーッとトーラス状に光のエネルギーみたいなものが出てくるのです。

そうすると、ネガティブとかなんとかではなくて、いつもいつも、いつもいつもポジティブになります。

いつでも明るい感じになってきます。

それが宇宙人の正体です。

そうなりますよ。大丈夫。

◉数字のコードは宇宙の存在であることのサイン

質問者5　最近、数字が上から降ってくるんです。コードみたいに来るのですが、その使い方がよくわかりません。
何かアドバイスいただければうれしいです。

ku　それは数字に意味があるというよりも、あなたが本当の意味で宇宙の存在だというサインとして来ているのだと思います。

意味づけしたら、幾らでもいろんなことができるんだけど、それをやっちゃうと、細分化してしまいます。

細分化すると、あなたは重くなってしまう。重くなると、シフトがとまってしまう。

だから、サインとして見る。

こんな難しいコードが降りるなんてことは、普通は人間には起きないよねという程度にさらっと流していただくのがいいと思います。

◉松果体が活性化すると幽体離脱が起こりやすくなる

質問者6　幽体離脱のことを聞きたいです。

夜中の12時から5時ぐらいの間に体が熱くなって、全身が電子レンジに入ったようなビリビリ感に襲われて、汗がドバーッと出るのが1週間、10日続いたときがあったのです。

それをスピリチュアルリーダーの方に聞いたら、「幽体離脱していたから、戻すようにしました」と言われて、その日からそれがなくなったのです。

私は8次元とか、7次元以上に行っていたと言われました。

それは何か教えてもらうために行っていたのでしょうか。


ku　自分にとって奇妙なこと、人間として不思議なことは、あなたが宇宙人であるというサインとして、宇宙連合が起こしてくれているのです。

それがあまりにも長く2年も3年も続いてしまうと、あなたは異常者になってしまうから、定期的にそういう形の経験をさせている。

「あなたはもうそろそろ目覚めなさいよ」というサインとしてそういうことをしているのです。

ただ、夜中にあったことは、僕の言い方をすると、松果体が活性化をしているのではないかと思います。

松果体活性化というのは、脳の中心の松果体が活性化していて、バイロケーションで、幽体離脱しやすくなっているのです。

ご自身の場合は、そういう形で松果体がだんだん活性化されてきたのです。

松果体活性化に関しては調べてください。

第1チャクラから上がってくるエネルギーが脳の中心のところに光をボンボンとやる。

そうすると、あなたの中で幽体離脱しやすくなってくるのです。

質問者6 それで終わって2年ぐらいたっていて、今はないんです。
ということは、同じことはもう繰り返されずに安定しているということでしょうか。

ku 違う意味で松果体はまた活性化していると思うのですが、そのときはそういう体験があなたにとって必要だったということです。

どうしても必要だったのです。

それがあるからこそ、自分が宇宙人ではないかと思ってここに来ているのです。

行動するための一つのきっかけとして、そういう現象を上のほうで起こしてくれているのです。

◉ハイヤーセルフは次から次へ転職させている⁉

質問者7　私は今、カルマを解放するために、地球担当をやっているじゃないですか。アセンションして、晴れて地球担当ではなくなったら、その後は地球担当の人がいなくなるのですか。

ku　次のガイド、または自分の関係者が出てきます。

あなたが日常生活の中でちょっといいかげんに生きて、アルバイトを転々としたりしたとします。

その一個一個の経験が、次に出てくる人のためになっているのです。

一つのことをずっとやっていると、一つの情報しかないじゃない。

でも、3つも4つも、10個も20個も転々とすると、次の人は、「こんな仕事があるのか」「こんな仕事もある」となります。

あなたとしては真面目に生きなければいけないと思っているかもしれないけれども、

ハイヤーセルフが無理やり真面目に生きさせないで、次から次へと転職させています。あなたのエゴはそう思わなくて、「どうして私はこんなに飽きっぽいのかしら」となるけど、次の人が地球に来るときのためにということなのです。

質問者7　kuさんの動画を見て、私がシリウスとかに帰った場合は、観覧車みたいな、メリーゴーラウンドみたいな地球担当はいなくなるのかなと思ったのです。

ku　次にまたほかの人が出てきます。

あなたの中で、しばらく宇宙に行きたいというのであれば、「またみんなの前に出てきます」みたいなこともできます。

kuのYouTube動画は代表的なものを出していて、もっと何百人、何千人といるのです。「ガイドは誰ですか」と言われるのが一番困る。

地球人ではないので、どうしてもそういう書き方になってしまうんだけど、そのうちにわかってきます。

◉イヤなことがあったら抱き締めて溶かしてしまいましょう

質問者8　自分で浄化するときは、瞑想の中でクリアになる感覚を持てばいいのですか。

ku　イヤなことがあったら、とにかく抱き締める。抱き締めて溶かしてしまう。過去とか未来に自分で行く必要はないのです。宇宙に帰るとわかる。過去も幻想なので、今、目の前に出てきたものに対して浄化する。

akiko　じゃ、チャクラというよりも、現象化するものという感じでやればいいのですね。

◉スターシードである主人や息子たちに何をしてあげたらいいのか⁉

質問者9　私がというより、主人や息子たちがスターシードかなといつも感じるんです。何かしてあげられることはありますか。

ku　普通の人間として普通にしてあげてください。

彼らにとってみれば、あなたが常識的なことを言うことによって、しっかりグラウンディングできて、この地上で生きられるわけです。

あなたが見てスターシードだと思うのであれば、多分そうでしょう。

であるならば、ちゃんと地球のルール、マナー、常識みたいなものを教えてあげてください。

そうじゃないと、人生を歩めないです。

ふらふら、ふらふらしちゃう。

逆に、あなたみたいな方が家の中にいて、ちゃんと地球の常識を教えてあげるということは、スターシードにとってはすごくいいことなのです。

◉「手放し」の方法を教えてください

質問者10　先ほどはババジをありがとうございました。

よく「手放し」というワードが出てきますが、kuさんが日常的にやっている手放しの方法を教えてください。

ku　akikoちゃんの動画にもいろいろ出ていますが、うちのやり方は、自分から何かするのではないんです。

自分の目の前に出てきたら、手放す。

宇宙人は必ずシンクロニシティーが働くので、絶対外さなければいけないものは目の前に出てくるのです。

出てきたら手放す。

質問者10　出てきたときに、ふだんはどんな手放し方をしていらっしゃいますか。

ku　うちのお客さんたちで、みんながやっているのは、水晶に当てる。

怒りが出てきたら怒りを水晶に当てる。大天使みたいなのを呼んでもいい。そして水晶に吸いとってもらうイメージをして下さい。
ただ、一つだけやってはいけないことがあります。
「後でやろう」はダメです。
今この瞬間でなきゃ効かないのです。それがポイントです。
なぜかというと、未来も過去も幻想だからです。宇宙から見たらわかる。
未来も過去も幻想だから、今この瞬間しか意味がないのです。
だから、夜やろうとか、後でまとめてやろうというのは効かないです。
今この瞬間でやってください。

◉レムリアって何なのですか!?

質問者11 以前、kuさんのセッションのときに、私の魂の履歴が琴座リラのバスストップですと言われたのです。
バリバリのスターシードですと言われたんですけど、なぜかレムリアの存在たちがメッセージをくれることが多いのです。

レムリアって何なのですか。

ku

あなたがレムリアにいたときがあったとするでしょう。

そのときの解放が必要で、今そういうものが出てきているのです。

僕の動画を見ていればわかるとおり、いろいろな役割の観覧車が回っています。

今あなたにとって必要なのはプレアデスとか、シリウスとか、レムリアのところを通らないといけないとかいうことで、今の形、今のタイミングでグルグル、グルグル回っている。

レムリアの何を通らなきゃいけないとか、解放しないといけないとか、調和しなきゃいけないとかいうメッセージ性が含まれていると僕は感じます。

新たなステージに入っているのです。

そこの解放が終わると、今度は自分の仲間のリラだけではなくて、ほかの宇宙の仲間たちの解放にもなっていくのです。

◉あなたは複合的な、宇宙人のかけ合わせみたいな人格です

質問者12　YouTubeを見たときに、最近はオリジナリティーがないという話をしておられました。

常に宗教とかニュースに影響されている。

自分は変わるということはどう表現していけばいいのでしょうか。

ku　無理する必要はないんじゃないかな。

あなたは、外から見ている自分と大分違ってきます。

僕から見ると、あなたは複合的な、いろんな宇宙人のかけ合わせみたいな人格なのです。

それが全く新しいあなたになるわけです。それをあなたは自分で誕生させる。

どう形をつくっていったらそういう形になるのかではなくて、ハイヤーセルフの流れの中で、ごく自然に、あなたらしいあなたが誕生しようとしている。

いろんなことに関して、大体うまくいっているわけだ。

あれから4年か5年ぐらいたつけど、はっきり言って、めっちゃ変わったよね。

昔はバリバリだった。180度変わったわけです。

これは何かというと、宇宙のエネルギーの采配によって、自然と流れが変わってきたのです。

それを今までも信じたように、これからも信じていけば、気がつけば新しいセルフが出てきます。

◉あなただけの幸せは宇宙に持って帰ることができるのです

質問者13　少しずつやわらかくというのは?

ku　人それぞれの時間が流れていて、人それぞれが目的を持ってこの地球に来ていますから、ご自身の中でだんだんやわらかくなってきたなとか、静かになってきたなという感覚は、あなただけの幸せで、あなただけの幸せは宇宙に持って帰れます。

人から見てどうのこうのではなくて、あなたの中に湧き上がってくる幸せが、本当の幸せです。

例えば、20代で東大に入って幸せという人もいれば、89歳までものすごく不幸せだったけど、最後の1年間で家族みんなが幸せになってくれて、ふと花を見たら美しく見えて、この3秒間、10秒間がものすごく幸せですという人もいるわけです。

幸せというのはその人の主観です。その人の見たものです。

あなたがそれで今、幸せを感じるんだったら、その幸せを大事にすることです。

そうしたら、必ずその幸せの延長で花咲いてきます。まだまだこれからです。

◉ライトランゲージはヒーリングそのもの、翻訳はなくても良い！

質問者14　ライトランゲージをつぶやいているんですけど、翻訳というのは、いつ、どうわかるようになるのでしょうか。

ku　ライトランゲージはマントラになっているのね。

ヒーリング効果がある。そういう形で使うのが主だと僕は思っています。
僕も翻訳はやるよ。やるけれども、ライトランゲージを言葉として受け取っていって
いるだけであって、そこに意味は別にない。
何かストーリーをつけると、頭の中がゴチャゴチャになる。
例えば、オリオンの情報が流れてきましたといったら、ああでもない、こうでもない
という情報でいっぱいになって、頭はパンパンになる。
それは頭にカルマをつくっちゃうということです。
さっぱりするのではなくて、軽くなるほうでいく。
翻訳できないんだったら、ハイヤーセルフから今とめられているのです。
あなたは本当は翻訳ができるんだけれども、翻訳は要らないよ、そこじゃないよ、も
っと自分中心に入っていって、いろいろ浄化して明るくなることだよ、ということがメ
インだったりします。

akiko　皆さんもお互いに交流してくださいね。縁のある方たちがお隣同士になってい

たりすると思いますので。

kuさん、大きい宇宙人って、どこの星でしたっけ。

ku 太陽星人とかだね。アンドロメダもデカいよ。シリウスの人もデカいよ。

◉ほっとする、肩の力を抜く、昭和世代のアセンションの重要項目

質問者15 今、アセンションとか地球の波動が上がっているということでした。僕らは昭和の世代で、宇宙は関係ない世界、地球だけという感じで生きてきました。3次元的に肉体を持っていて、魂的には向上したいけれども、肉体的には旅行もしたい、おいしいものを食べたい、遊びたい、いい思いもしたいとかいろいろある。そういうバランスはどうとったらいいですか。

ku バランスをとるのではなくて、バランスがとれるようにすることです。僕ら昭和の時代は肩に力が入り過ぎちゃった。

どうしても「頑張るぞ！」とやるわけです。それをやめることです。

そして、流れに任せて自分自身をやわらかく生きることです。

ほっとすることに意識を向けていく。

仕事をされていてもいいんですけれども、なるべくほっとする時間とか、緩やかな時間とか、瞑想する時間とか、静かになる時間だとか、そういうスピリチュアリティーの高い時間を少しとって、自分自身の魂をやわらかくする。

肉体をやわらかくする。肩に力が入り過ぎている、緊張している、そういうものをいつもいつもやわらかくする。

そうすると、流れの中にスッと入っていけます。

そうじゃないと、いつまでも気合いを入れて、「自分がやる」となっちゃうのです。

自分が前に進まなきゃ、自分がやらなきゃとなる。

昭和の時代はそれでよかったんだけど、アセンションの時代は風の時代とも言われています。

スーッと風に乗っていくには、やわらかく、流れるようになっていこうというイメージを自分自身の中で持たれることだと思います。

何を食べてもいいと思いますよ。

何を飲んでもいいと思いますよ。それでご自身がほっとするなら。

さんざんしっかり生きられたわけだから、少し不良がかったことをやっても、別に僕は問題ないと思います。

だから、少し外れちゃってていいんじゃないかなと思います。

今までちゃんとやってこられた方だと、少し自分が外れても、大して外れていないんです。

ちゃんと法律やルールに準拠してやっているはずなんです。

だから、もう力を入れるのはやめようということで、少し気を抜くことによって、霊流と合ってきます。

合ってくると、今おっしゃられたような生き方が自然とできるようになります。

自分の心の中に、本当にほっとしたものが出てきますから、これが真実だなと思った瞬間に、もう昔には戻れないです。

質問者15　魂的にはスピリチュアルになっても、3次元的な、地上的な生き方というか人間的な生き方というか、いろんな楽しみみたいなものを軽やかにやっていくということですね。やりたいことをやる。

ku　そうです、そうです。

僕はそれ一本で、冗談半分のような人生の生き方をしながら60歳近くになってもやっているわけです。そういう感じです。

おカネがあるないとかそういうのは全く関係なくできますから、自分自身がもう許してあげる。

今日だけちょっと飲みに行こうかなというなら飲みに行っちゃっていい。

「あんた、変わったわね」ともし奥さんに言われたら、アセンションしていると思ってください。

質問者15　せんだって、皆神山《みなかみやま》に行ってきました。最高でした。

ku　そうですか、それはすばらしい。
昭和の人は、結構真面目に生きちゃうところがあるから、もうそろそろ肩の荷をおろしたほうがいいと思います。

◉地球はサウナ？　もう一回来たいと思うかどうかです！

質問者16　やり残したことがあったら、またすぐに地球に帰ってきたりするんですか。

ku　あなたが宇宙に行ったときにどう思うかです。

例えば、地球はサウナと同じです。

サウナに入ったことあるかどうかわからないけど、10分、15分はものすごく苦しい。

サウナから出たときは、シリウスに行ったりプレアデスに行ったりのときなわけです。

「どうだった？」「ううーん、気持ちさっぱりした」「どうする？　もう一回行く？」

「もう一回行こうかな」となる。そんな感覚です。
ポジティブになっちゃうから、ついついサウナに入りたくなる。
でも、入っているときは苦しい。「エーッ、またここに戻ってくるの？」と思います。
でも、10分、15分の間が人生の70年、80年です。
向こうに帰ってあなたがどう感じるか。もう一回来たいと思うかどうかです。
来たいと思えば来ればいい。そういう設定ができます。

◉悪魔を抱き締めるとはどういうことか⁉

質問者17　さっき悪魔を抱き締めると言っていたじゃないですか。悪魔を抱き締めるというのは、どうやればいいですか。

ku　普通の人たちには悪魔は来ないから問題ないんじゃないですか。
ましてそんなものは基本的に幻想ですから。
もしそういう霊があってイヤな思いをするんだったら、それを逃げないで、ちゃんと見てあげることです。つき合ってあげることです。

天使とかそういう人たちにお願いする。影と一緒です。

光が当たれば影ができます。みんな、影から一生懸命逃げる。

でも、影をしっかり見る。「あっ、影なんだ」とわかった瞬間、怖くなくなる。

その怖くなくなった瞬間が統合です。

◉日常生活の中で、止まる時間を持つことが大切です

質問者18 先ほど、大きなことに会ったときに、内面に意識を向けなさいというお話があったかと思うんですけど、直近の私がそんな感じです。

仕事のプロジェクトを任せられて、毎日やらなきゃいけないタスクとか、外側に意識が向くようなことが多くあって、内側にあまり時間がとれないのです。

どういうことを意識すればいいのか、ご助言をいただけますか。

ku 忙しいと思い込むからさらに忙しくなります。決意して、日常生活の中で、止まる

時間をなるべく持つことです。

例えば、今、僕はあなたと一緒にいますね。

その瞬間、3秒だけ止まってみる。5秒だけ止まってみる。10秒止まってもいいです。

そして、一旦空間を置いて、仕事の中でつき合うのです。

10秒と5秒の空間を置いて邪魔されることはあまりない。

でも、あなたが意識的に、静かな感じで、この空間とちゃんとつき合っていくことです。

周囲の環境や人々の言葉にふられて反応しているだけだと、いつまでたってもそのときのままです。

ご自身みたいなタイプは、瞑想は不得意かもしれないけれども、思考を止める瞑想みたいなのをなさるといいと思います。

5分でもいいし、3分でもいいから、思考を止めてみてください。

そうすると、自然とそういうことができるようになります。

例えば、akikoちゃんは今、裸足です。

なぜ裸足かというと、足の裏と板との間の感触を抱き締めながら話しているのです。「いまここ」になっているのです。

彼女はそうは言いませんが、エネルギーが全部奪われないようにしているのです。

足の裏と板との間の感触だけに意識を向けていると、思考が止まるのです。

思考を止めないと、いつまでたっても忙しいものに巻き込まれます。

少し止まる時間をとられたほうがいいかもしれないですね。

◉あなたの波動は汚れてなどいません！

質問者19　現時点の僕の出している波動はどれぐらい汚れていて、どれぐらいきれいで、どれぐらい浄化が進んでいるのか。今どんな波動を放っているんでしょうか。

ku　汚れているんですか？　そうは思わないよ。

あなたは、ものすごく転生輪廻してきたとか地球を体験してきたタイプではないんです。ちょっと変わった個性を持っている。

ちょっと変わった個性を持っている人は、自分が汚れているのではないかと勘違いします。

汚れてはいないと思いますよ。もちろん、人間をやっていれば汚れることはあるけれども、思った以上に汚れていない。

だけど、変わっているという自覚があるから、自分自身が汚れているんじゃないかと、自己卑下してみたり、罪悪感を持ったりするけれども、宇宙人はそんなに汚れていないのです。

小さい汚れに目を近づけて見て、「kuさん、僕はこんなに汚れています」と言う人がいますが、そう汚れてはいない。だから、自信を持って。

自信を持ってと言われても、人間としては自信を持てないかもしれない。

だけど、宇宙人として自信を持ってください。問題ないです。

あなたなりのシフトだから、あなたは◯◯星人だということは、僕は今は言わないけど、◯◯星人が人間になるとこうなるよというのを宇宙の仲間たちはみんな見ています。

あなたが精いっぱい生きているのもみんな見ています。それは全部評価しています。

だから、あなたは自分の人生を愛して、自分の等身大で、上に行き過ぎず、下にもおろし過ぎず、自分自身の中立のところで、今を築き上げていくことです。

それができます。順調に、うまくいっていると思います。

質問者19　宇宙の多くのガイドさんのカルマを、地球に来て、代表で浄化するということをこの間kuさんは動画でおっしゃっていたんですけど、なぜ地球ではほかの星よりもそんなにもカルマの浄化をしやすいんでしょうか。

ku　それは、いろんな幻想があるからです。

ブラック映画から、きれいな映画から、いろいろなものがあるでしょう。

例えば、あなたがオリオン大戦でひどい目に遭ったとします。今、シリウスは平和です。

地球は、テレビをつけたら戦争で、戦争に対する恐怖が出てくるじゃないですか。

恐怖を消すため、テレビを見ているのにです。

地球はいろんなものがいろんな形であるから、浄化しやすいのです。

だから、肉体をつくったほうがいいということなのです。

あの世に帰って、シリウスのきれいなところ、ダイヤモンドのお城みたいなところにいて、「ハイ、浄化して汚れを出しましょう」と言われても、「そんなことあったっけ？」みたいな感じになって、心の奥にはあるけど出ないわけ。

あぶり出されて初めて出るというアクみたいなものです。

そのあぶり出すことができるのが地球なのです。

◉くみ取り式トイレの中に入っていく!?

質問者20　先ほどくみ取り式の例で、抱き締めるとおっしゃったんですけど、現実にイヤなこととか困ったことがあったとしたら、「困ったな」とか「イヤだな」じゃなくて、自分が持っているものが現実化するわけだから、もっと掘り下げないといけないんですかね。

ku　僕だったら、くみ取り式のトイレがあったとすると、そのくみ取り式の蓋をあけて、その中に自分で入っていきます。

本当には入らないけど、霊的に入る。

初めはイヤだと思うんだけど、だんだん肩の力が抜けていったときに、全てのものと一体化できるんです。

地球があって、くみ取り式のトイレもあって、害虫と言われちゃっている虫たちもいる、いろいろなものがある。

きれいなものもあります。美しい景色、美しい花々、ウサギのように、かわいいものもいる。

でも、全部がワンネスということを考えたら、そういう自分のイヤなものは、逆に統合するチャンスなのです。

だから、肩に力を入れないで、気合いを入れないで、もっと掘り下げようなどと思わないで、ごく自然に、肩の力を抜いて、そのイヤなものと一体化する。味わい切るのです。逃げちゃダメです。

ほとんどの人は逃げて何とかしようとするんだけれども、それを味わい切る。そこまでできないと思ったら、ネガティブなものが出てきたら水晶を使って浄化すれば消えていきます。

それでも変えられない場合は抱き締めることが一番いいと思います。

セッションでも言っているけど、三角形がありますね。

頂点がハイヤーセルフです。ここがあなたです。反対の部分に、イヤな相手とかイヤな上司とか大嫌いなヤツとかがいる。

ところが、こいつのことが大嫌いだと反発して、戦争が起きるわけです。

ハイヤーセルフに行く道は、このイヤなものと統合する道なわけです。

イヤなものは避けられない。でも、イヤなものをイヤだイヤだと言っていたら、いつまでたっても上に上がら

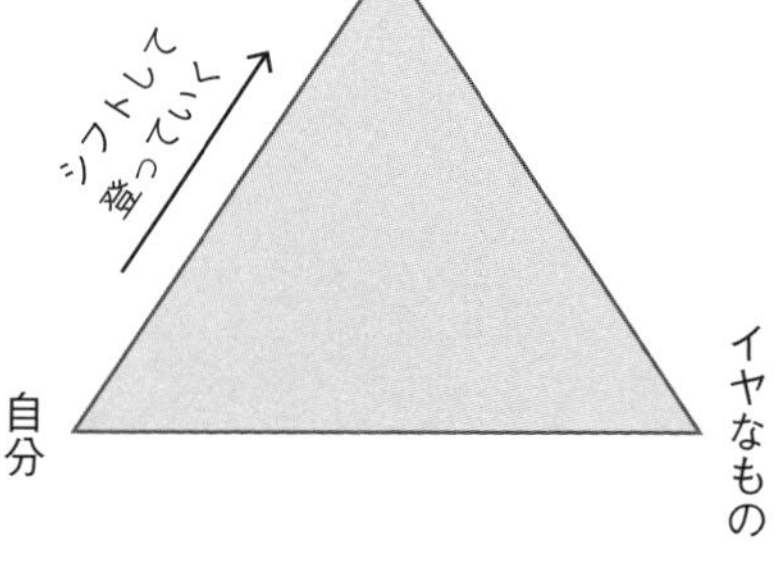

ない。

だから、反対のものを抱き締める。

それをしたのがマザー・テレサだったということです。（マザーテレサは悪魔を抱き締めた）

◉宇宙人を封印して地球を楽しむ人もいる

質問者21 毎日忙しくて忙しくて、24時間全部、寝る時間がないぐらい忙しいです。楽しいんですけど、そのうち体がやられちゃうと思っています。

ku あなたを見ていると、忙しい割にはハイヤーと一緒に流れていますね。

別にいいんじゃないですか。

宇宙人さんでも、自分が宇宙人とわからないで、人間としてたっぷり楽しみたいから、個として今の仕事を突っ走るという人がいます。あなたはそういうタイプだと思う。

それで重くなって、疲れて、もうイヤですというなら問題があるけれども、そんなふうには思えない。

うまいぐあいに楽しみながら仕事をしている感じがする。

いいんじゃないですか。すばらしいと思います。おめでとうございます。

◉kuさんのお話は『ガリバー旅行記』のようです！

質問者22　今日のkuさんのお話は、小さいころ読んだ『ガリバー旅行記』のようでした。星々の、聞いたこともないお話を聞いて、チャネリングだったり、幽体離脱はできないかもしれないんですけど、やってみようと思いました。

私は発信することに対してブロックがあるんです。

いろんな方に、この時代の霊気だったりは発信できるんですけれども、それ以上の宇宙系の話題は、SNSで自信を持って発信できないんです。

ku　発信できなくてもいいんじゃないですか。
宇宙人は隠れたいのよ。ここにいる人たちはみんなそうだと思うんだけれども、どこかで隠れていたいというのがあるわけ。

なぜかというと、多くの人の念をもらいたくないのです。重くなる。それはハイヤーセルフの感覚なのです。

無理やり人間に交じるのは避けたい時期もあるんです。今のままでいいの。

もしハートを得られて、自然に出せるようになったら、それはそれ。

今はそれでいいと思います。

◉わざと波動を下げている、そのブレーキをはずしましょう

質問者23　セッションを2回受けさせていただいて、スターシードカフェに参加しました。これから新しいイベントをしたり、海外で今つくっているスターシードジュエリーの展開をしていこうと思っているので、必要なメッセージがあったらお願いします。

ku　あなたはもっと波動が高くなれます。
もっと元気を出して、波動を上げることです。

わかっていると思うけど、どうしても具体的な実務のほうに走ってしまうところがある。

あなたの波動はもっともっと高いです。

僕もそうなんだけど、地球でいろいろなゲームをしたいから、わざと波動を下げている。そのブレーキがまだかかっている。

恐怖がバッと取れるときがあります。そうしたら、グッと上がります。

上がったところでまたあなたのステージでビジネスとかが絡んでくると思います。

能力があるんだから、これからです。こんなもんじゃないと思うよ。いろいろ活躍する場面が出てくると思います。

質問者23　自分ではそう思っているんですけど。

ku　あなたの波動が低いというわけではないんだけど、あなたが目標としている本来の波動から見ると、今はまだ落としています。

逆に言うと、落とさないと、ビジネスとしてしっかりグラウンディングできないのではないかと思います。

そこの微妙なバランスがまだちょっととれていない。そんな感じではないですか？

質問者23 そうです。その辺を探りながらやっている感じです。

ku それもシンプルに考えて、波動一本で行こうというくらい、やっていいです。

そうすると、あなたは突き抜けます。

突き抜けたときに、新しい流れができて、そこからビジネスの新しいアイデアが浮かびます。

あなたはもともとものすごく才能を持っているから、新しいステージで稼げる。

そのときあなたはものすごい笑顔、すばらしい笑顔に輝くと思います。

質問者23 無茶ぶりみたいに思われたり、「ちょっとついていけない」みたいに結構言われちゃうから、自分としても、どういうバランスでやればと思っちゃうんです。


ku　僕みたいなぶっちゃけたタイプではない。ナイーブ性を持っている。

でも、あなたはあなたなりの輝き方があるんです。

そこに必ず到達するから、のんびりと構えながら、ゆっくりシフトされていけばいいんじゃないかと思います。

間違いなく上のほうに向かっているから問題ないです。

◉ハイヤーセルフがあなたの中の宇宙人を止めにかかっている!?

質問者24　前のセッションのときに、宇宙の仕事をしていると言われました。

普通に地球の生活をして、夜になると、母船に行って報告したりとかしていると言われたのです。

宇宙人なんだから、今のところ宇宙に意識を向けなくてもいいとおっしゃっていたような気がするのです。

でも、宇宙とつながるというのが押し寄せてくるのです。

それはどうしたらいいのかなと思っています。


ku 僕に宇宙人だと言われたんだね。それがイヤなら、もうちょっとこの世的になったらいいんじゃないですか。

金星のエネルギーを持っている人とつき合うといいですよ。

バリバリ仕事するような人とつき合って、そういうことを少し忘れるほうがいいと思います。

もうちょっと落ちついた自分が来ます。

質問者24 だから安心をしなさいということですね。

ku そういうことです。
宇宙人というのはただでさえ軽いので、浮いてしまうのです。

魂は、肉体が浮いてしまうと危険なのです。

だから、あなたのハイヤーセルフが止めにかかっている。

だけど、ついつい自分としては、この肉体がつらいから、肉体から逃げよう、逃げようとする。

その感覚を調整する。

でも、それもこれからゆっくりゆっくり調整がとれてくる。

その人なりのペースがあるのです。

その人の人生だから、ほかの人と比較する必要はないわけ。

あなたはあなたのペースで行けばいいと思います。大丈夫だと思います。

◉あなたは地球でちゃんと遊べています

質問者25　私は地球で遊べていますか。

ku　あなたは遊んでいるんじゃないの？

ちゃんと遊べているような波動だし、問題ないと思います。

◉大分積極性が出てきています

質問者26 去年、セッションを受けさせていただいたんですけど、そのときと比べると私の波動はどうでしょうか。

ku ちょっと待って。(交信)大分積極的になったんじゃないですか。僕と会って、舞台に上がって質問できていますよね。大分積極性が出てきたんじゃないですか。喉のチャクラが活性化してきています。

質問者26 このままでいいですか。

ku このままで。これからまた輝くよ。いけちゃうよ。

◉子どもとけんかすることは波動が低いことではない！

質問者27　今日はたくさんエネルギーをいただいたんですが、家に帰ると、現実に引き戻されます。

子どもたちがワチャワチャけんかしているところに私のエネルギーがすぐバーッといっちゃうんです。

これをやめたくて、書きかえとかをするんですけど、そこをどううまく断ち切ればいいでしょうか。

子どもたちに自分のペースを乱されることにワーッとなってしまうんです。

kuさんの、さっきのおトイレのイヤな臭いをあえて抱き締めるというか、そういう感覚はどうするのですか。

ku　それには、あなた自身が止まっていないとダメなんです。

いつもいつも自分自身のほうに意識を向けていると、とめることができます。

ただ、僕があなただけにアドバイスするとすれば、とめる必要はないのではないかと思います。

今、忙しいんでしょう？　子どものことでけんかしてもいいんです。

あなたの中では、子どもとけんかすることは波動が低いことだと思い込んでいるわけです。

そうでもないんです。ハイヤーセルフの流れの中で子どもとけんかするというシチュエーションも、あなたのストーリーの中に入っているのです。

けんかしている自分はおもしろいなと思えるぐらいになればいいんじゃないですか。

流れが自然でないといけないのです。

いいのか、悪いのか、間違っているのか、正しいのかというほうに行っちゃう。

そういうことのほうが、人生はうまくいかなくなっちゃうんです。

いつもいつも裁くからです。

そうではなくて、怒らないと子どもたちはわからない、それでも子どもを愛しているから、こんなことをやっちゃうという自分も含めて、自分自身を愛しているということです。

俺だって子どもに怒るよ。めっちゃ怒るよ。

怒った後、スーッとして、「何だっけ？」みたいにしている。

その場で流れてきたものは、自分のものにする必要はないんです。自分の人生だからということで、自分が必要だからということで形をつくる必要はないわけ。

形をつくるから重くなる。形をつくらない流れの中で、「自分は役割としてそれを今やっているんだな。ご苦労さーん。怒るわよ～、いいかげんにしないと！」みたいな感じでいいの。

もっともっとリラックスして、あなたが自分のやっていることに自信を持ってください。全然問題ないです。

あなたは当然のことを言っているんだよ。

あなたの子どもさんがスターシードだとするでしょう。魂がふっと浮いちゃうんだ。

あなたが怒らなかったら、グラウンディングできないわけです。

あなたはちゃんとグラウンディングさせてあげているのです。

質問者27 下の娘がずっと一人でしゃべって、ずっと誰かと会話しているのはそういうことですか。

ku そこであなたが「ハイ、ハイ、勉強して!」みたいなことを言うと、グッとグラウンディングできる。

質問者27 そこに気づかせてあげていいのですね。

ku そのためにお母さんの設定があるわけ。あなたが選ばれたわけです。だから、完璧なんです。

◉ハートでコミュニケーションできるようになるとUFOを見なくなる!?

質問者28 ここ数カ月、UFOを見る機会が多くなりました。

ベランダにあらわれたり、夜、犬の散歩をしていると、蝶々型とか鳥の形とか、至近距離で大きいものが見えるんですけど、それは何か意味がありますか。

ku　意味はないんだけど、あなたにとってそれを見るシチュエーションであり、体験をしなければならない時機に来ているということです。

そういういろいろな現象を見ているから、今日ここに来たわけです。

だから、何かのきっかけになっているはずです。

それがずっと続いちゃったりすると、今度はオカルトチックな女性になっちゃうので、それはそれでスターシードとはちょっと違うかなと思うんです。

人生の時機にそういうものを集中して見るということは、あなたの中の変わりの時機なんです。

もう変わるよというサインだったり、宇宙に帰るよというサインだったり、何かゴーサインが出るときにそういうものをよく見ます。

本当にあなたがハートを開いて、シフトしてくると、あまり見なくなる可能性もあるのです。

なぜかというと、ハートでコミュニケーションがとれるようになるからです。目とか耳とかでコミュニケーションをとるのではなくて、ハートでコミュニケーションをとれるようになるので、これが本当の霊的なつながりです。

◉ヘンと言われてもいい、人間と同じだったら宇宙に帰れない！

質問者29　アドバイスをお願いします。

ku　何？　何で？

質問者29　お願いします。

ku　ああー、なるほど、そういうことね。

あなたはあまり地球に来たことがないんだね。

それでいいの、周りの人にヘンだと言われても。

宇宙人がヘンじゃなくて、人間と同じだったら、宇宙に帰れない。

人間から見て、不思議ちゃんだったり変人だったりすることは、宇宙から見れば普通です。

あなた、宇宙人の魂がよく人間の中に入れますねみたいな、入っただけでも拍手です。

それなのに、自分は人間になろう、なろうとする。

普通の人になろう、なろうとすると、あなたは苦しんでしまいます。

普通の人にならなくていいの。そのままでいいのです。

あなたの魂はきれいですよ。きれいだということ自体が宝物です。

魂がきれいなんだから、あなたはダイヤモンドです。

俺はそう思うよ。それでいいんです。

◉空《くう》とソースについて

質問者30　この世の源が空《くう》だという話なんですけど、それはスピリチュアルで一般的に言われるソースと考えていいのですか。

ku　ソースと思っていただいていい。

ソースというのは、僕にとっては、どっちかというと空《くう》の前に出てきた初めの意識みたいなものです。

もっと奥がある。そのもっともっと奥が空《くう》です。もっともっとある。

禅で目指しているのも空《くう》です。次元をすっ飛ばしてしまう。

質問者30　その空《くう》のストーリー、意思というものがあるとすると、それがおっしゃっていたマリーンですか。

ku　いいえ、空《くう》に意思はないです。空《くう》には何もないです。

意思があるとしたら、さっきの集合意識のところで出てきます。

大天使ミカエルだろうが何だろうが、こうやります、ああいうふうにやりますというストーリーの中の登場人物です。

◉相手に合わせず、自分自身を光らせてください

質問者31　私は2年前にakikoさんのライトワーカー講座を受けさせていただきました。私の友達は8人とも仕事としてやっているんですけど、私はちょっとブロックが入っていて、できていませんでした。

1月からやっと仕事として始めるので、kuさんに何かアドバイスをいただきたいのですが。

ku　まず大事なことは、自分自身が光ることです。そこがないとダメ。

相手に合わせると、エネルギーを取られちゃう。

だから、まず自分自身が光ることと、いつもいつもいつも自分が光っていること。

画面から出てきた瞬間に元気がないとダメです。

お客さんが来てから光ってもエネルギーが違うんです。

常に元気になるように、ある程度自分で光る。自分で気をつけてそうするのではなくて、花は咲いてきたら、そうなってきます。

そういうことができれば、あとは波動で伝わっていきます。

何をやっているかではなくて、どういう波動を出しているかです。波動が全てです。

◉1日に5分でも3分でもいい、思考を止めて瞑想してみよう

質問者32 自分の内側、内観することのコツを教えていただけますか。意識はどうしても外に行っちゃうんですけど、今は自分の中をちゃんと整えたいと思います。

ku 本当にオーソドックスな言い方しかできないのですが、やっぱり自分自身で静かな時間を持つことです。

一日の中で静かな時間を持たないと、どうしても止まらないのです。

なぜかと言うと、目の前のことはダーッと流れていきます。

静かな時間を意識的に持つことだと思います。

そして、1日に5分でも3分でも、思考を止める。瞑想する。
今、マインドフルネスとかがあるじゃない。ああいうのもいいです。
時代の流れの中でああいうのが出てきているわけです。
なぜかというと、思考の忙しさが混乱を呼ぶのです。
人類の8割、9割は思考が忙しいわけです。
思考が忙しくなると、頭の中にアカがいっぱいたまってきます。
アカがいっぱいたまってくると、光が差さなくなる。
光を遮ってしまうから、ネガティブなことを考えるわけです。
いつも雲の下にいるような感じになっちゃうのです。
だから、思考をすっきりさせる必要がある。
そういう意味で、静かな時間をとることがまず第一です。
それが思考を落ちつかせるやり方です。
そういうところから始めていただければいいと思います。
無理する必要はないけれども、毎日5分でも3分でも、そういう時間を持つというのはすごく大事かなと思います。

◉頭の中にもう一つ「私」という自我がいるのです

質問者33　自分の中に主《ぬし》がいるんです。それに動かされている感じがします。

ku　ふーん。

質問者33　そう思っているだけなんでしょうか。

ku　主がいると思い込んでいるだけじゃないですか。どんな主なんですか。

質問者33　主というか、もう一人自分がいるみたいなんです。

ku　それはハイヤーセルフで動かされているのではないですか。

主というよりも、あなたはハイヤーと一緒に魂で動く自分もいるんだけど、頭の中に、もう一つ「私」という自我がいるんです。

スターシードだから、自我なのか、自分がハイヤーとつながっている真我なのか、わからないでいるだけです。

ちょっと難しい言い方をするけど、あるときは真我になり、あるときは自我になっているだけです。

それを「主」という言い方をするから、そんなのはいないのに、何だろうなと。蛇みたいなものでも飼っているのかと思った。「どういうペットですか」と見せてもらおうと思ったんだけど、そういうのはいない。

だから、全然問題ない。

覚醒するときに、そういう症状が出るときがあります。誤解するんです。

だから、自分なりの研鑽をしていって、あとはちゃんとアーシングしたり、グラウンディングして、安心して覚醒できるように持っていってください。

アーシングがポイントです。やってみて。

◉あなたのハイヤーがブレーキをかけている場合もあるのです

質問者34　エネルギーを感じたり、スピリチュアル的な体験はほぼないのですが、自分のクリアリングみたいな浄化が進んでいくと、普通にできるようになってくるものなのですか。

ku　僕ら宇宙人は、霊的体験ができればいいわけでもないんです。

そういうことをされたいのはわかるんだけど、例えば、あなたがすごい情報を潜在意識にたくさん持っているとします。

もし、霊的体験がいとも簡単にできた瞬間、それの高度な多くの情報がいきなり入ってきて、危険だったりするときがあるのです。

だから、人によってはハイヤーがブレーキをかけている場合があるのです。

あなたにとって一番大事なことは、人間として生きる。

普通の人間としてどこまで自分自身が成長できるか。

イヤかもしれないけれども、ハイヤーがそういうものを求めている場合もあります。

霊的経験は、幾らでもできる。僕もそうです。

霊的能力はあったけど、幼稚園児のときに「宇宙から来ました」と言ったら、幼稚園の先生に「ハイ、ハイ、ku君、静かにしようね」とごまかされた。

僕は封印したよ。

あと20～30年たつと、あなたの中で霊的にちょっと目覚めることがあるかもしれないけれども、それまではとことん人間として生きてみようというセッティングがされているんだと思います。

外側で誰かがあなたの封印を解こうとしても、あなたは自分で宇宙の設定をしているので、人間にはあなたの設定を解放することができないのです。

ましてやそれが解けたらいいわけでもないのです。それは時機が来る。

今はつらいこともいろいろあると思う。わかるんだけど、男だから頑張ろうか。人間っぽいこと言っちゃうけど、男だから、頑張りましょう。

将来的には結構楽になってきます。大丈夫です。

◉「早く突き抜けたい」と「もうちょっと待て」

質問者35　好きなことをして生きてきたような人生なんですけれど、最近、猫族とかカマキリさんが話しかけてきたりします。
これというのが見つかっているけれども、今はまだキュッと縮まっているというか、突き抜けられないみたいな感じがあります。

ku　突き抜けない感じというのは、スターシードは誰にでもあるんです。

例えば、10年物のワインはめちゃうまいじゃないですか。

でも、10年間何をやってきたのかというと、ただ寝かしていただけです。

手を加えると、おいしくなくなります。この地球は、寝かさなければいけない時期があるのです。

スターシードさんは待てないのです。「早く突き抜けたいです」と言う。

わかるんだけど、あなたのハイヤーセルフは、「もうちょっと待てばいいんじゃないですか」と言っているのです。

質問者35　結構長く待っています。

ku　そういうことなんです。

あなたはいろいろできる人なんです。できるから、とまることが大事なんです。とまらないと円熟してこないし、とまらないと成長してこないことがこの地球ではいっぱいあるのです。

逆に、そういうことを経験するために、地球に来られたのだと思います。

宇宙に帰れば、あなたの思うとおり、何でもバーッと叶います。

やりたいことがいっぱいあるから、いろいろなことができる。

でも、あなたはそれを求めに地球に来たわけではない。

とまることが大切だとか、でき上がることが大切だとか、浪花節っぽいことを体験しに地球に来ている部分があるのではないかなと思います。

今、ちょっとボトルネックになっているかもしれないけれども、そういうときこそ自分自身を休ませたりすることが大事なのではないかなと思います。

質問者35 流れに任せて。

ku そう。休めないのはわかる。だけども、逆をやってみることです。

逆のことをやるというのはすごく大事です。

バシャールを聞くと、ワクワクなことをやっていればいいと思うかもしれないけれども、そこではないんです。

スターシードというのはまた特殊な事情があって、自分の思いと全く逆のことを体験させられることがある。

そこに答えがあったりします。

だから、今あなたの中では逆のものをやらされるような流れになっているのだと思います。

そこではもがいて上に上がろうとしても、もがくだけで、上に上がっていけません。

質問者35　それ、すごく苦手です。

◉あなたはある特殊な星から来ている方です

質問者36　私は絵を描いています。創造するということをやるに当たって、何かポイントとかアドバイスをいただけますか。

ku　いいセンスを持っているんじゃないですか。絵は売れてる？　オーラが違う。オーラが出ています。いいんじゃないですか。あなたは自分のことが好きでしょう。

質問者36　はい、大分好きになりました。

ku　あなたは、ある特殊な星から来られている方です。

質問者36　特殊な星とは。

ku　あまのじゃくという言葉はヘンなんだけど、こっちに行こうと思うと、違うほうに行っちゃうとか、こっちに行こうと思うと別のほうに行ってしまうとか、アンバランスな時期があったのです。

アンバランスだから、美しさが出るのです。そんな表現がすきな星です。わかる？

質問者36　わかります。

ku　あなたはアーティスティックなのよ。

これからまとまった統合の波動が出てくるから、そのままの調子でいけばバッチリです。

◉地球に来て緊張するという遊びをやっているのです

質問者37　私は死ぬほどリラックスする人間なんですけど、死ぬほど緊張もします。何でですか。

ku　あなたがリラックスしているときは、宇宙とつながっているのです。

現実世界の中で3次元に入るときに緊張してしまうのです。それだけです。

あなたはつながっているから、リラックスするときも緊張するときも両方体験しに来ているわけです。

宇宙にいたら、いつでもリラックスします。

だけども、地球に来て、緊張するという遊びもしたいのです。

だから、緊張していいのです。

それを直そうとか、周りに合わせようとか、みんながこうやっているから自分はこうだとか、みんなはこうなっているのに自分はまだこうだと比較しなくていいのです。

あなたはあなたで最高の、パーフェクトの体験をしているのです。

◉怒り枕をつくって投げてみましょう

質問者38　3次元的なことなんですけど、すごくイヤなことを言われたときに、傷ついて、その後の建て直しに時間がかかります。
それはどうしたらいいですか。

ku　イヤなことを言われたら怒るでしょう。

僕がセッションでよく言っているのは、怒り枕みたいなのをつくる。

100円ショップでは売っていないから、300円ショップとかで枕を買ってきて、「怒」と書いて、ボーン、ボーンとぶん投げるんです。

「ふざけんな、オラー！　冗談じゃねえぞ！」みたいな感じでやっています。

そうすると、すっきりします。

怒りを出すことはいけないと地球で習っているけど、それは違う。

我慢しちゃうから、つらくなる。

その怒りを相手にぶつけるのではなくて、枕にぶつける。そうするとスッキリします。

セッションでもよく言うんだけど、風は、そよ風とか5月の風だけではないのです。

嵐もあれば、台風もあれば、いろいろな風があります。

何十種類、何百種類と風がある。

それがあるからこそ、地球は成り立っているのです。

あなたの心もそうです。嵐のときもあれば、そよ風のときもある。

でも、あなたは、嵐はいけない、そよ風だけにしたいと思っている。そこが違うのです。

そうではなくて、本当にハイヤーセルフに従ってくると、全部の自分を愛せるようになってきます。

怒るなら怒りを出せばいいのです。

それで人に暴力を振るったり、迷惑をかけるのはまずいけど、自分自身の中でスッキリするようにやってください。それでいいのです。

そうすると、あなたの中でまとまってきます。それが統合です。

◉ここニューアースでは宇宙人も地球人も皆覚醒していくだけです

質問者39 私はスターシードというよりは、地球人が濃いと自分で思うんですね。どのぐらいで覚醒ができますか。

ku 全然問題ないんじゃないですか。自分が地球人だと思い込んでいる宇宙人はいるから、何とも言えませんが、覚醒はできますよ。

ここはニューアースに変わるところだから、宇宙人も地球人も込みで覚醒していかなければいけないわけです。

ただ、宇宙人のほうが、覚醒するのがちょっと早いのです。

宇宙人に言いたいのですが、「自分はなかなか覚醒しません」「自分なんて」と言っているのは今のうちだけです。

今日のこの流れを見てもわかるように、本当にみんな行くよ。行っちゃうからね。

だから、気にしないでどんどん上に上がっていっていいと思います。
もしあなたが自分は地球人だと思うなら、それも勝手だけど、この中に入っていると
いうことは、あなたもその覚醒の中に入っているということです。

◉転生輪廻の長い人は地球人になってしまっている!?

質問者40　私は63歳です。私は地球人。ハイヤーセルフって何ですか。
地球人と宇宙人の違いは何ですか。地球も宇宙でしょう。

ku　地球も宇宙だけど、それを言うとややこしいから宇宙人という言い方をしています。

今日は宇宙人の集まりだからね。

転生輪廻がものすごく長い人がいるじゃないですか。

そういう人は地球になじんじゃってます。

しかしあなたは違う。

質問者40 古い魂だと言われるのです。レムリアだとか。

ku あなたはオールドソウルだけど、地球人ではないです。

質問者40 私は1ミリも思い出さないのですが。

ku いいの、いいの、思い出さなくていいの。
せっかくハワイに来たのに日本舞踊は踊りたくないでしょう。
せっかくここに来たのだから、地球人を楽しみたい。そういう人はいますよ。

質問者40 画像が撮れたりするんです。

ku あなたは宇宙人だから、そういうのが出る。

質問者40　これは私のオーラだと言われるけど、どうなんでしょうか。

ku　あなたは宇宙人だから、そういうエネルギーを出しちゃうんです。

質問者40　飛行機とかＵＦＯを毎日見るんですけど、何も気づかないんです。

ku　自分が宇宙人と思いたくない人はいるんです。

質問者40　２年前にやっと少し思いました。遅過ぎないですか。

ku　遅過ぎないです。永遠の生命だから。

仮にあなたが１億年とか10億年とか生きているとして、そのうちのたかだか63年でしょう。

あなたが１億円持っているとして、63円を使って遊んでいるんです。

大したおカネじゃないじゃない。

質問者40　じゃ、楽しく遊びます。

ku　あなたの場合は、金星のエネルギーが必要かもね。金星エネルギーを使って遊ぶといいんじゃないですか。

◉できることなんてない！　自分の喜びを開花させていくのみです！

質問者41　いつもkuさんはブログで、宇宙から来たスターシードの方々が地球での生き方に苦しんでいるとか、そぐわなくて悩みを抱えていると言っていらっしゃるじゃないですか。

地球で生きてきた魂にとって、そういう方々の生きづらさを払拭できるお手伝いみたいなことが何かできないかなと日々考えているのですが、何かご助言はありますか。

ku

できることなんて、ないね。

出産で苦しんでいる人に「僕がかわってあげようか」と言うのと同じです。

あなたはあなたの喜びを開花していけばいいんです。

何かをするというよりも、自分の喜びのエネルギーで周りを感化していくという感覚でいいと思います。

できることなんて、ない、ない。

あなたの優しい気持ちはすごくわかるよ。あなたはそういう星から来ている。

気持ちはわかるけれども、今の時期、この2022年から2023年以降は、自分で花開いていく時代です。

僕らはあくまで感化しているだけであって、介入しているわけではない。

感化することはできるけれども、咲かせるのは自分次第です。

そういう時代に来ているので、十分です。

2022年は、自分を強いと思うか弱いと思うかのギリギリのラインに来ています。

自分で弱いと思った人は、環境のせいにして、流されて、ネガティブに入っていきます。

でも、弱い人たちを助け過ぎてしまうということは、そのストーリーの中に入っちゃうということです。

そうではなくて、自分は強いんだとみんなが思うような状況になっていかないといけないんです。介入するとカルマを作ります。

ここにいる人たちは、なぜここに来たのかというと、自分で開花させたいんだという魂の熱意があるわけです。自分で咲いていきます。

あなたがもし外側で見ているのだとしたら、よかったねと拍手して、エールを送るだけで十分です。

そして、あなた自身も、自分の人生の主人公になって、咲かせていく。そこが大事です。

でも、思いやりがあっていいですね。すばらしいです。

◉あなたも宇宙人だから、幽体離脱できます！

質問者42　kuさんが初めて幽体離脱されたのは、自然に起きたのですか。自分でやりたいと思って起きたのですか。

私は高2のときに交通事故に遭って、私は覚えていないんですけど、母には「三途の川を見た」と言ったらしいんです。

さっきのkuさんのああいう世界も、現世にいて見てみたいです。そういう場合のやり方は。

ku　ヘミシンクなどはどうですか。

ヘミシンクのCDがあって、その音楽を聴きながら幽体離脱するんです。

質問者42　そうするとできるんですか。

ku　できると思いますよ、宇宙人さんですから、大丈夫です。

質問者42　怖いことは考えなければいいのですね。

ku　今はネガティブなことを思わなくて大丈夫です。

質問者42　好きなところに行ってというイメージですね。

ku　そうです。

逆に、喜びの波動のほうに意識を合わせるんです。

もしこのＤＶＤとかYouTubeが出たら、それに意識を合わせる。

喜びに意識を合わせながら入るといいと思います。

◉猫ちゃんが寄ってくるわけは、あなたのエネルギーです！

質問者43　外の猫が寄ってきて、ニャーニャーニャーニャーすごいんです。あと、動物が私の姿をびっくりした目で見たりとかいうことがあったりするんですけど、何ででしょうか。

ku　そうだからですよ。

質問者43　何がそうなんですか。

ku　そういう魂の方だからです。親和性があるんです。向こうは地球の猫ちゃんです。あなたは宇宙の猫ちゃんだとするでしょう。そういう妖精というか、ふわっとしたところがある。

シリウスとかアルデバラン（アルデバラン系の星々には天使系、妖精系のグループもある）とか、そういうところのエネルギーの方だから、親和性があるんです。

あなたの優しさみたいなエネルギーに彼らは反応するんです。

質問者43 でも、シッシッと思うんです。

ku でも寄ってきちゃうでしょう。

あなたのエネルギーは猫ちゃんたちにとってはいいんです。

ほかの地球人たちに飼われて、ちょっとがさつになったり、心境が荒れていたりして、傷ついたりしている猫ちゃんがいるわけです。

その猫ちゃんがあなたを見ると、スーッと近寄る。「近寄ってもいいですか」と言っているんです。

質問者43 じゃ、私はえさを上げなくていいし、シッシッとやってもいいのですね。

ku　いいです、いいです。

でも、寄ってきちゃうと思うけどね。寄ってくるということは、あなたの一つのサインです。

私は一体何だろうかということが喚起されて、こういうところに来られたりしているのです。

それで、○○星ということはわからないかもしれないけれども、とにかくスターシードであることは気づくかもしれないね。

気づくことによってあなたの人生は変わるかもしれない。

きっかけ以外にないんです。その意味は、深く考える必要はないです。

◉緊張に解決法はない!?　サインを受けとめて!

質問者44　緊張ばかりするんですけど、緊張を取る方法はありますか。

ku　緊張ね。それは慣れるしかない。

緊張するということには、申しわけないけど、解決法はない。

けれども、サインでもある。

あなたにスターシードがある場合は、緊張します。

それはそうですよ、地球人でなかったら、やっぱり怖いじゃない。

自分自身はそうでもないと思っているかもしれないけれども、魂がびっくりするわけです。

それで反射的に怖くなる。そういう自分も許してあげてほしいです。

まだセッションに来ていないなら、将来的におカネがたまったら来て。ゆっくり話してあげます。大丈夫だからね。

おわりに

akiko　すごくおもしろかった。

今、私のほうに来ていた方、皆オーラがデカくて、星のご縁のある方たちが多かった。kuさんのほうに行った方もそうだよね。

ku　みんなと交流しようと企画したのはakikoちゃんだからね。（拍手）

akiko　宇宙人がここにいた、そこにもいたという所在確認ですね。本当におもしろかったです。こんなに宇宙人がいるんだね。

ku　悩みがみんな宇宙人っぽい。

身近なことを話して、宇宙のことでは全然ないと思っているかもしれないけど、全部宇宙のことだからね。

akiko ホントそうですね。今日はどうもありがとうございました。

ku みんな盛り上がっていこうね。ありがとう。（拍手）

交流会 スピリチュアルakikoさんへの質問

コラボイベント質問内容

●チャクラを浄化するための効果的な方法は？

○眼の前にあらわれた出来事を丁寧に浄化していけばチャクラはきれいになる。（kuさんのアドバイスです）

●子どもに対して大事にしていること

○気にしない、考えない。彼らは私よりも魂が成熟していると思っているので、何でも乗り越える力がある。子どもたちみんなそう。だから何があっても大丈夫だと思っていてそれを意図している。しいて言えば、自分が人生を楽しんでいるところを見せている。

●人に執着してしまう

○執着してしまう現実をいつまで体験するかも自分の選択。気にするものはそれが色濃くなると世界。現実ドラマに入り続ける限りドラマは続く。ドラマ好きをいつまでやるのか。もういいんじゃないでしょうか。

●私はスターシードなのか

○スターシードでなければこの話を聞いていない。スターシードは絵に書いたような一般的な宇宙船や宇宙人にそれほど関心がない。なぜなら自分がリアルな宇宙人でありUFOなどももっとエネルギーとして理解しているのであの形にピンとこない。

●自信が持てない

○他の人や地球基準と比べて、スターシードはかなり違うので、その基準に当てはめると全てがマイナスになって落第生。全てがダメダメでそれがいけないことだとなって自信が持てないのもしようがない。

むしろ違いを知ってもらうために存在しているので自分基準が正解であり道。

●akiko のほうに集まった方たちのおもしろい特徴

○背もオーラも大きい縦に長いアルクトゥルス系やアンドロメダ系のスターシードが多かったです。特徴はみんな口数は少ないけど悟ったエネルギーをしていて平和でピースフルな感じの人が多かった。

● Starseed ku
オリジナルヒーリング動画
https://hikaruland.net/qr/202304ku.html

●スピリチュアル akiko
ヒーリング動画
https://hikaruland.net/qr/202304akiko.html

Starseed ku

東京・世田谷で会社経営15年を経てスピリチュアルや宗教関連のリーダーを約20年つとめる。宗教及びスピリチュアル活動歴は約40年に及ぶ。幼少の時よりスターシードの自覚があり、22歳の頃、今の時代でいう霊的覚醒を得て、その能力を主にビジネスで使用する。その後、さらなる霊的体験を重ねて自身の浄化が本格となり、2016年からStarseed kuとしての本格的活動を始めた。

ホームページ https://www.starseed-ku.com

ブログ https://ameblo.jp/newbbaji/

スピリチュアル akiko

スピリチュアルヒーラー・チャネラー・宇宙の法則エネルギーワーカー。

長野県出身。

今現在はインドで夫と3人の子どもたちと暮らす。

2015年から、スピリチュアル活動をはじめてトータル2000人ほどのセッションや講座をこなす。 霊視、チャネリング、潜在意識書き換え、宇宙語が得意。

2018年宇宙由来の魂であると知り、今まで探していた境地に行きつく。

自分自身がまったくスピリチュアルな能力がないところから、徐々に能力が開花してきた経験から、誰にでも潜在的にスピリチュアルな能力がある事に気づき、その事実を伝える活動をしている。

akikospiritual オフィシャルブログ

https://ameblo.jp/earth-healing-akiko/

地球で遊び、故郷の星へ帰る！

約束してきたスターシード達へ

第一刷　2023年6月30日

著者　Starseed ku
スピリチュアルakiko

発行人　石井健資

発行所　株式会社ヒカルランド
〒162-0821　東京都新宿区津久戸町3-11　TH1ビル6F
電話　03-6265-0852　ファックス　03-6265-0853
http://www.hikaruland.co.jp　info@hikaruland.co.jp

振替　00180-8-496587

本文・カバー・製本　中央精版印刷株式会社
DTP　株式会社キャップス
編集担当　河村由夏

ISBN978-4-86742-259-5

銀河の叡智／高次元周波数にアクセスできる！
ETとトレイシー・テイラー
特別コラボレーション宇宙絵画！！

本書の表紙を飾るトレイシー・テイラーの
重要作品をここにご紹介します。

トレイシー・テイラー（Tracey Taylor）
～プロフィール～

西オーストラリア生まれ。幼少の頃より異次元世界にアクセスする能力を自覚して育つ。長じるにつれて異次元存在たちから教わった知識を人々に伝えようと試みるが、それらの情報を言語によって表現することが困難であることが分かり、アートワークの作成が開始される。

それらのアートは1996年から2006年の間に一種の自動書記のような形で完全なるフリーハンドによって描かれ、宇宙的な知識がコード化されている。

日本でファッションモデルとしてのキャリアがあり、アートの多くが日本滞在時に作成され、『宇宙人コンタクトと新人種スターチャイルドの誕生』装丁のデザインもその一部である（元となった作品はモノクロ）。

異次元存在たちに伝えられた情報によれば、日本は銀河の主要なポータルであり、多くの新しい周波数が地球上の他のどの地域よりも高い強度で日本のエネルギー・ポータルから流入してきている。

トレイシーのウェブサイト
http://www.harmonicblueprint.com/

トレイシーの紹介動画
ＱＲコードＵＲＬ
https://www.youtube.com/watch?v=tgXDGnz8LWY

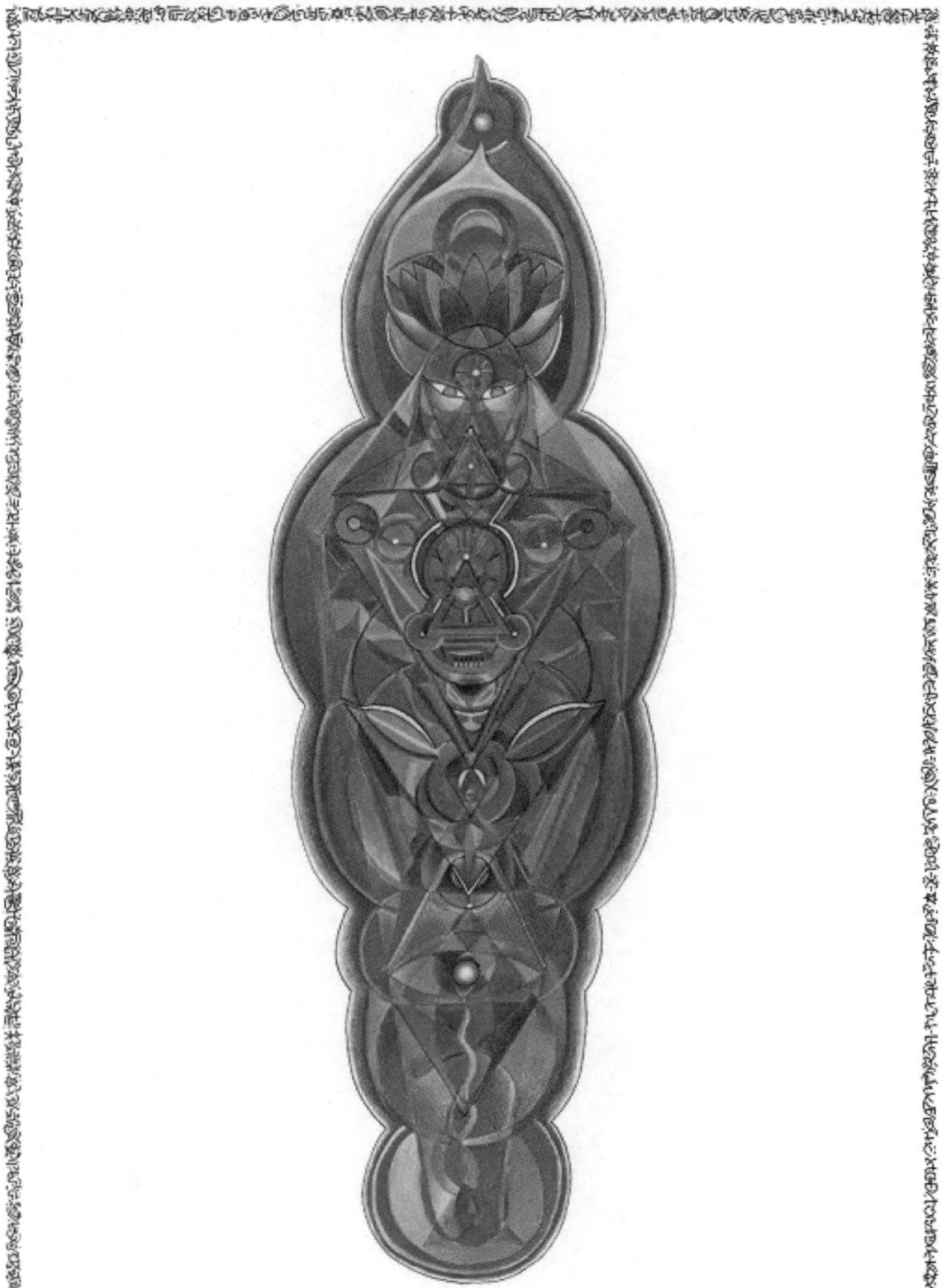

⑴ エナジー・ビーイング（Energy Being）

宇宙のエネルギー体、永遠の光の領域との接続、神の創造の複雑な幾何学を表しています。銀河の記憶とコミュニケーションのブループリント。

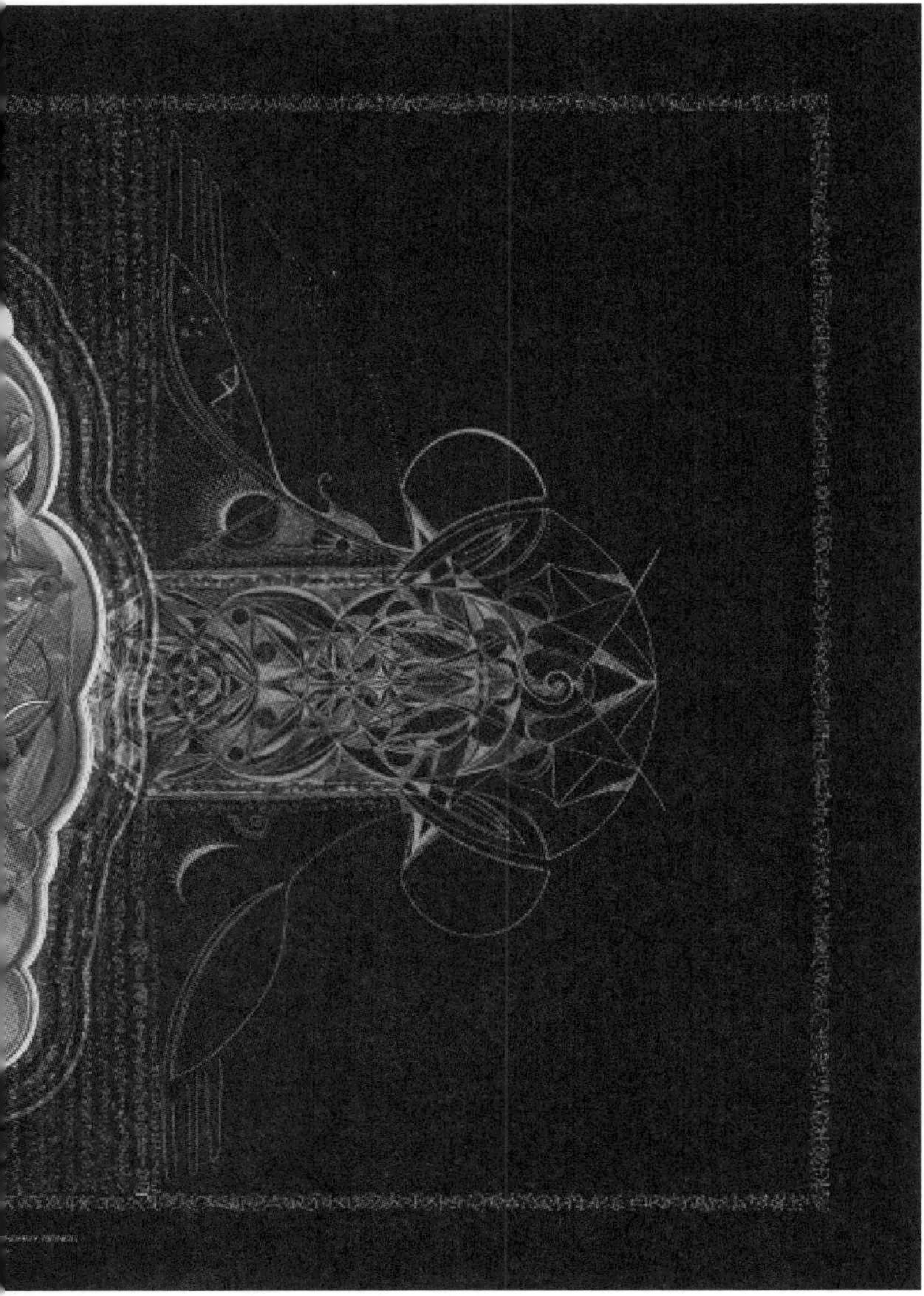

幾何学を通じて宇宙創造のブループリントのハーモニーが顕現されています。人間のライトボディを活性化する高次の周波数、銀河の記憶、変容へと向かって意識的な接続に導きます。

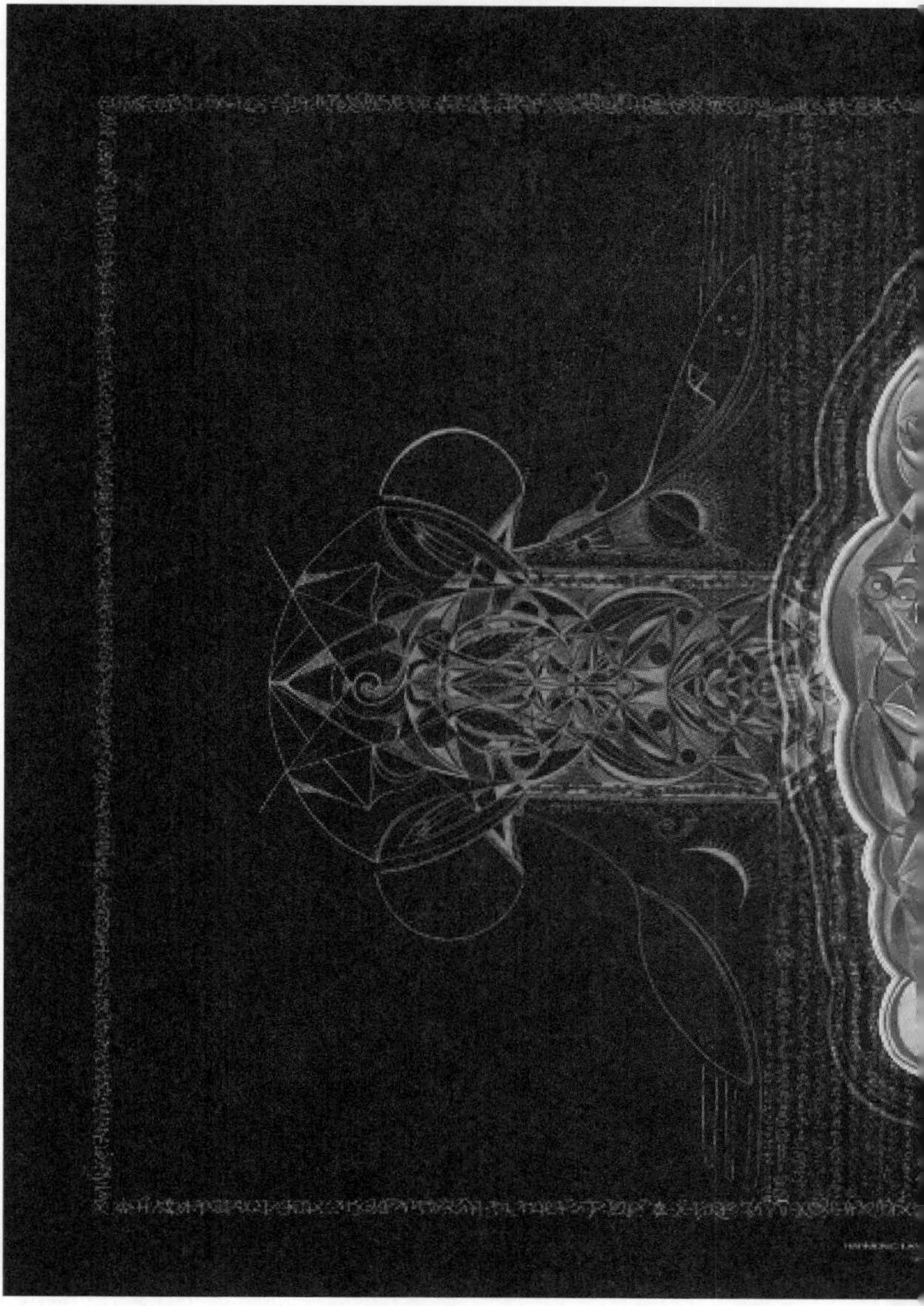

⑵ ハーモニック・ランゲージ・オブ・エナジー・ビーイング
（Harmonic Language of Energy Beings）

⑶ ハーモニック・プログレッション——万華鏡
（Harmonic Progression-Kaleidoscope）

自然のエネルギーの成長を表し、次元間ハーモニクスの幾何学は複雑なものへと進化します。個が無限へと至るように。８の魔法の力が作用しており、クリスタルと創造の意志を用いることによってこのアートワークは現実化のグリッドとして利用することができます。

⑷ ユニバーサル・トランセンデンス（Universal Transcendence）

二極性の超越、聖なる男性性と女性性のエネルギーの統合、永遠、物理的な移動を伴わずに旅をすること。このイメージは意識の統合フィールドを多次元的なリアリティへと収束させます。

ヒカルランド　好評既刊!

地上の星☆ヒカルランド　銀河より届く愛と叡智の宅配便

スターボーン
著者：ソララ（Solara）
訳者：Nogi
四六ソフト　本体3,300円+税

宇宙人コンタクトと
新人種スターチャイルドの誕生
著者：メアリー・ロッドウェル
訳者：島貫 浩
四六ソフト　本体3,000円+税

ヒカルランド　好評既刊！

地上の星☆ヒカルランド　銀河より届く愛と叡智の宅配便

Self Awakening
エナの超シンプルな生き方
STEP 1
自分に一致して生きる
著者：内山エナ
四六ソフト　本体 1,600円+税

Self Awakening
エナの超シンプルな生き方
STEP 2
〜悟り〜その先の真実へ〜
著者：内山エナ
四六ソフト　本体 1,700円+税

変わる勇気
見失った心を取り戻す
著者：内山エナ
四六ソフト　本体 1,800円+税

スターシードTheバイブル
あなたは宇宙から来た魂
著者：akiko
監修：市村よしなり
四六ソフト　本体 1,700円+税

アシュタール宇宙船内セッション
著者：並木良和／穴口恵子／テリー・サイモンズ
四六ソフト　本体 1,800円+税

スターシードの心理GUIDANCE
スターシードの気持ちが徹底チャネルされた本
著者：Starseed ku
四六ソフト　本体 1,800円+税

ヒカルランド　好評既刊！

地上の星☆ヒカルランド　銀河より届く愛と叡智の宅配便

銀龍（ワイタハ）から
金龍（ヤマト）へ
著者：テポロハウ　ルカ　テコラコ／中谷淳子
四六ハード　本体2,400円+税

【全ての扉を開ける鍵】カタカムナ
著者：吉野信子／入口初美
四六ソフト　本体2,000円+税

菊理姫と聖徳太子［超］降臨！
著者：まありん
四六ソフト　本体1,800円+税

【集大成完全版】
日本人とユダヤ人
著者：永見憲吾
監修：久保有政
A5ソフト　本体2,000円+税

［新装版］
歴史の真相と、大麻の正体
著者：内海　聡
四六ソフト　本体1,600円+税

聖徳太子コード
地球未然紀［上巻］
著者：中山康直
A5ソフト　本体2,500円+税

ヒカルランド　好評既刊！

地上の星☆ヒカルランド　銀河より届く愛と叡智の宅配便

チャクラ・リチュアルズ
著者：クリスティ・クリステンセン
訳者：田元明日菜
A5ソフト　本体2,700円+税

古代のWi-Fi【ピンク法螺貝】のすべて
著者：りーこワケワケ
四六ソフト　本体1,600円+税

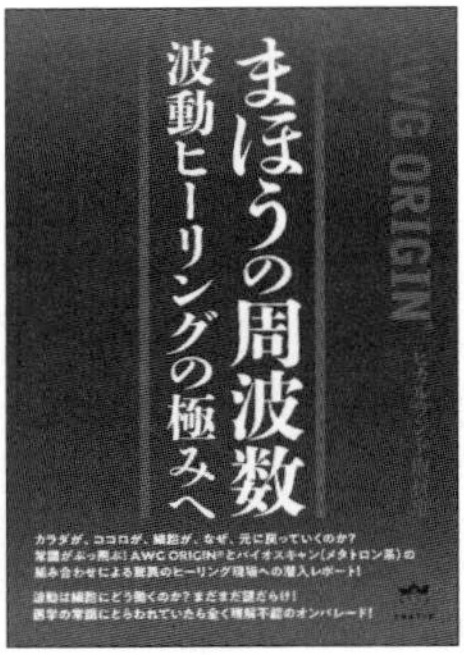

まほうの周波数
波動ヒーリングの極みへ
著者：ヒカルランド取材班
四六ソフト　本体2,200円+税

究極のCBD【奇跡のホップ】
のすべて
著者：上古眞理／蒲生展之
四六ソフト　本体1,800円+税

シンクロニシティカード
《完全活用》バイブル
著者：FUMITO＆LICA
四六ソフト　本体1,800円+税

【パワーアップ版】
根源神エナジーヒーリング
著者：岡部公則
四六ソフト　本体2,000円+税

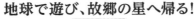

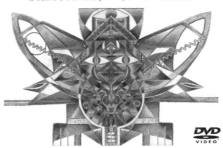